Par C.L. de Lra Fihé
d'après Barbier.

R 2543.
1.

LE PHILOSOPHE

SANS PRÉTENTION,

O U

L'HOMME RARE.

LE PHILOSOPHE
SANS PRÉTENTION,
OU
L'HOMME RARE.
OUVRAGE PHYSIQUE, CHYMIQUE, POLITIQUE ET MORAL,
Dédié aux Savans.

PAR M. D. L. F. OLIE

A PARIS,
Chez CLOUSIER, Imprimeur-Libraire, rue Saint-Jacques.

M. DCC. LXXV.
Avec Approbation, & Privilége du Roi.

ÉPÎTRE
DÉDICATOIRE
AUX SAVANS.

MESSIEURS,

*S*I dans cet Ouvrage que j'ai l'honneur de vous offrir, je me suis écarté de plusieurs principes adoptés jusqu'à ce jour, si j'ai suivi hardiment mes idées, si j'ai tiré de nouvelles conséquences, & prétendu expliquer beaucoup de phénomènes, la bonne foi a guidé ma plume. Je n'ai d'autres prétentions que celles de m'instruire. Prouvez-moi des erreurs: vous n'aurez de ma part que des remercimens. Vous me blâmerez peut-être d'avoir enveloppé mes Dissertations dans des prestiges historiques. Voici mes raisons. Une belle Femme simplement vêtue, excite rarement la curiosité de ceux qui en sont éloignés ; mais cette Femme annonce-t-elle l'éclat d'une toilette intéressante, on accourt vers elle. On reconnoît ses charmes. L'on s'en occupe. Telle est la science. Combien de jolis esprits s'y seroient attachés, & auroient fait d'utiles progrès, si l'on eût excité davantage leur curiosité. Cette réflexion, MESSIEURS, a dirigé mon plan. Je désire que la diversité des objets puisse fixer votre attention, & ne point fatiguer l'esprit du Public éclairé, dont j'ambitionne également le suffrage. Alors mes vœux seront remplis.

Je suis avec le plus profond respect,

MESSIEURS,

Votre très-humble & très-obéissant serviteur,

D. L. F.

LE PHILOSOPHE
SANS PRÉTENTION.

CHAPITRE PREMIER.

Nadir, riche Particulier de Chryſopolis, venoit quelquefois ſe renfermer dans ſa Bibliothèque. C'étoit par goût, & non par oſtentation, qu'il avoit amaſſé à grands frais les plus nombreuſes collections de livres. Jouiſſant lui-même de ſa poſſeſſion, il s'étoit occupé depuis pluſieurs années à faire des extraits de tout ce qu'il avoit lu. Enfin ne trouvant plus rien de nouveau à extraire, à moins de faire des répétitions continuelles, il regardoit un jour ses notes : il les avoit divisées comme sa Bibliothèque, en cinq parties ; savoir, les Arts, les Belles-Lettres, les différens Cultes, la Politique & les Sciences. Tout-à-coup il devient rêveur ; il réfléchit avec la plus grande attention ; il se concentre en lui-même. Enfin après un mûr examen......c'en est fait, dit-il, je veux me débarrasser d'un fatras de livres dont je sens l'inutilité...... Il sonne. Quatre Esclaves entrent. Prenez, leur ordonne-t-il, en montrant d'abord le quarré de la Bibliothèque où étoient les livres concernant les Arts, prenez tous ces *in-folios*, Latins, Grecs, Arabes & Gaulois, tous ces *in-octavo* & *in-douze*, plus modernes ; n'oubliez pas ces Secrets merveilleux des *Porta*, *Mizaud*, *Albert*, *Paxame*, *Africain*, *Alexis*, *Cardan*, *Varron*, *Tarentin*, *Hallerius*, *Silvius*, &c. &c. Enlevez tout. Ne laissez que ces deux Dictionnaires nouveaux, dont l'un, quoique très-volumineux, ne contient que des objets utiles. Attendez un moment. Nadir se lève, ouvre ces Dictionnaires ; il alloit en déchirer un nombre de feuillets ; mais la crainte d'endommager la Brochure, lui fit abandonner son projet. Pourquoi, s'écria-t-il avec douleur, pourquoi notre Grand-Visir n'a-t-il pas fait le sort à quelques célèbres Artistes, qui auroient été alors plus fidèles ? Les Savans qui ont composé cet Ouvrage immortel, ne pouvoient pas être universels, & leurs sollicitations étoient des encouragemens trop stériles pour des Artistes.

Hé bien, dit-il, à ses Esclaves, tout est-il débarrassé. A merveilles. Portez ces livres chez les Dervis de la grande Mosquée : c'est un présent que je leur fais. Dites-leur qu'en reconnoissance je ne prétends pas exiger des droits sur leur amitié, qu'il me suffit d'être assuré qu'ils ne seront jamais mes ennemis. Allez.

Aussi-tôt Nadir sonne. Arrivent quatre nouveaux Esclaves. Il sonne encore. Huit autres Esclaves paroissent. Il étoit question de déménager l'article des Belles-Lettres. Allons, leur dit-il, du courage. Il faut enlever & porter aux Dervis ce rideau de livres. Depuis ici jusques-là.... vous voyez.... soixante pieds de longueur sur quinze d'élévation. Travaillez. Pendant ce tems voyons ce que j'ai mis en réserve dans l'espace de ces dix pieds. D'abord voici un nombre d'excellentes Pièces de Théâtre. Bon : tous ces Ouvrages sont de mon goût. Le Théâtre est aujourd'hui la meilleure école des mœurs. J'ai bien fait, par exemple, de renvoyer quelques productions tenir compagnie aux Historiens Grecs & Latins, ainsi que plusieurs cruautés gigantesques, aussi ridicules que les aboiemens contre le Spectacle. Je ne vois donc à présent dans cette Collection choisie que la Critique du vice mise en action, & elle produira toujours plus d'effet que cinq milles tomes d'une Morale fastidieuse. Voici dans un autre genre des exemples héroïques de la vertu la plus sublime, exemples plus capables d'instruire & d'entraîner les cœurs, que les mille pensées arides & monotones sorties convulsivement de quelques têtes attrabilaires.

Voici d'autres Poëmes, dont l'unité de tems, l'unité de lieu ne gêne point les Auteurs, & dont les situations sont heureuses. Le Héros punit le vice & fait des heureux. Bons livres! Excellens livres! Mon choix à cet égard n'est pas nombreux, mais il est bien fait. Des Journaux..... oui, des Journaux, j'ai eu raison d'en garder; il y en a de très-bons qui mettent au jour les efforts de l'esprit humain, & qui les apprécient judicieusement. Des livres d'Histoires..... J'ai gardé deux Auteurs sur chaque objet, savoir l'Écrivain le plus élégant, & l'Écrivain le plus insipide..... Ai-je bien fait? J'ai donc présumé que ce dernier étoit le plus véridique....Erreur, erreur: l'on est tout aussi-bien la dupe d'un foible génie, que d'un homme d'esprit, & je préfère être agréablement trompé. Esclaves, vous enleverez encore les deux cens volumes de ce rayon.

Poursuivons. Quoi! j'ai laissé ici des Romans; oui, des Romans. Examinons mes notes. La morale en est charmante. L'invention pleine de génie. Des traits plus clairs, plus convainquans que tous ces *in-folios* d'une métaphysique absurde & ennuyeuse. Mais je vois dans tous mes rayons de choix ce Vieillard de Nerfey, ce Vieillard toujours jeune, ou plutôt toujours dans la force de l'âge, & dont le génie fécond sait prendre mille formes agréables. Messieurs les Académiciens de Chrysopolis, vous qui ne cessez de proposer, pour sujet de prix, l'éloge des Auteurs que la mort a moissonnés, donnez-moi la satisfaction de proposer celui d'un homme vivant. Croyez-moi, l'insulte que l'on fait à la modestie d'un homme illustre est bientôt pardonnée, & soyez sûrs qu'en suivant ce conseil, l'émulation & l'activité des Auteurs laborieux acquéreroit de nouvelles forces. A propos de Panégyriques, j'en ai bien peu conservé. En effet, beaucoup d'Ecrivains en ce genre ont travaillé plus pour eux que pour le sujet qu'ils ont traité. Ils ont souvent sacrifié la vérité aux charmes des phrases pompeuses de l'hyperbole. Ils auroient mérité, lorsqu'ils ont produit leur Ouvrage, que l'on se fût contenté d'en applaudir le héros. Mais que vois-je ! Voici en réserve un grand nombre de Pièces fugitives... des Contes... des Epîtres badines... des Poëmes galans... des Sens... des Baisers.... Ma foi tout cela est charmant. L'Amour n'est-il pas le maître de la nature ? Ne sont-ce pas les jeux de l'imagination qui nous distinguent à cet égard des animaux ? J'estime donc ces jeunes Poëtes, dont la plume légère nous offre des tableaux agréablement variés, & je ris de voir ces sévères Censeurs, qui blâmeront publiquement des Ouvrages, dont la délicatesse est la base, & qui clandestinement se pâmeront sur des trivialités obscènes.

Nadir encourageoit ses Esclaves, & ces hommes qui n'avoient pas pour les livres tous les égards respectueux d'un Bibliomane, saisissoient avec vîtesse des grouppes d'*in-quarto*, d'*in-octavo*, & les jetoient sans distinction dans de vastes paniers. Il restoit encore beaucoup de pièces à déménager. Nadir sonne. Paroissent huit nouveaux Esclaves. Il leur montre un quarré immense, contenant plus de trois mille Volumes, concernant les différens cultes rendus au grand principe. Tous ces Auteurs avoient fait, selon leur fantaisie, une petite Peinture du grand principe, & chacun d'eux prétendoit qu'on ne pouvoit fixer ce Créateur de l'Univers, que par le trou de la lorgnette qu'ils vous préfentoient. Nadir réfléchit combien les différentes vifions, réfultantes de toutes ces lorgnettes, avoient nui à la population & au bonheur des États; combien d'intrigues, de cabales, de guerres fanglantes, d'affaffinats odieux..... Pénétré de cet horrible fouvenir, Efclaves, dit-il, avec chaleur, enlevez promptement & portez aux Dervis cet amas de volumes : s'ils fe demandent entr'eux quel choix j'ai pu faire; dites-leur que je n'ai gardé qu'un feul livre; que ce livre eft dans mon cœur; qu'il ne contient que deux articles précis; mais qu'en les obfervant, je ferai toujours l'Ami du grand principe, celui de l'Empereur & de mes femblables.

Voyons dans mon quartier de réferve. Quel eft ce livre ? Traité fur la Tol..... la Tolér.... Mais comment donc! Six exemplaires..... Oui, je me rappelle. Tant mieux. Ce livre ne fera jamais affez multiplié. Je voudrois que tous les Souverains le fiffent imprimer en lettres d'or, & que ces feuilles imprimées tapiffaffent les marches de leurs Trônes. On ne fauroit trop divulguer un Ouvrage, qui tend au bonheur de l'humanité. Je vais en porter quatre exemplaires à mes Femmes.

CHAPITRE II.

UNE jeune Princesse, élevée dans la Pannonie, étoit devenue l'Epouse chérie de l'Empereur de Bisance, & depuis cette époque, on y étoit entierement convaincu que les corps les plus charmans pouvoient être organisés par les ames les plus belles. Cette vérité n'étoit cependant pas neuve pour Nadir. L'aimable Mirza, sa Favorite, l'avoit souvent étonné par des réflexions judicieuses, qui caractérisoient chez elle l'ame la plus élevée. Trois autres Femmes agréables composoient tout son Sérail, c'est-à-dire, sa compagnie familière, car il n'avoit point de Sérail. Elles jouissoient librement des promenades de la Ville. Pourquoi, se disoit-il, gêner ces êtres charmans qui ne cherchent qu'à me plaire; si trop occupé de l'aimable Mirza, pour être en état de me distraire avec d'autres Femmes, je ne peux leur offrir que des prestiges d'amusemens, je serois un barbare de contraindre encore leur liberté. La maison de Nadir n'étoit donc point la maison d'un Asiatique, mais plutôt celle d'un François spirituel, qui sait où existe le plaisir. Ses repas, ses soupers amusans, dont le sexe faisoit les honneurs,

honneurs, lui procuroient souvent des Convives, d'autant plus agréables, qu'ils étoient occupés du soin de plaire.

Nadir en sortant de sa Bibliothèque, se rendit aux appartemens de Mirza. Elle étoit absente.... Quoi, à onze heures du matin, Mirza absente.... Jamais elle ne sortit de si bonne heure. Nadir a de l'inquiétude, mais ce n'est pas de cette inquiétude basse qui fait à la fois le martyre des jaloux, & le tourment des jolies femmes ; non, des sentimens plus délicats occupoient Nadir, lorsqu'à l'instant même Mirza entre avec vivacité, suivie de deux Esclaves ; ils étoient chargés d'une quantité d'Estampes & de Tableaux. Je t'ai surpris, dit-elle à Nadir, en lui donnant le bon jour le plus animé. Tes premiers Esclaves m'ont appris le déménagement de ta Bibliothèque. Je veux remplacer les objets dont tu t'es débarrassé. Tiens, mon Ami, voici un spectacle plus vivant, qu'un amas de tristes écritures. Vois dans toutes ces Gravures animées l'expression frappante d'une infinité de sentimens. Regarde d'abord ce bon Père au milieu de ses honnêtes Enfans, tantôt les instruire, & tantôt recevoir d'eux les secours de l'Amour filial. Conviens avec moi que ces deux Estampes font plus de sensations que cent Volumes d'éducation d'un

B

tas d'Écrivains qui n'ont jamais rien éduqué. Vois ces Tempêtes, ces Naufrages, dont l'horrible beauté fait faire en un instant plus de réflexions sur la cupidité des humains, que tous ces longs Ouvrages sur le détachement des biens de ce monde. Vois cette nouvelle Accordée, dont les traits naïfs nous offrent le symbole de la candeur. Conviens que cette Peinture de la Vertu, est plus séduisante que cent Volumes de radotages moraux. Vois ces....... Mais laisse donc mes Tableaux..... Oh!.... tu es bien curieux.... Quoi, Mirza, vous avez acheté aussi des Tableaux de Pastel! Il faut convenir que vous avez confondu des misères avec de belles choses..... Fort bien, Monsieur; de jolis Portraits de femme, des misères.... Hé bien, vous ne les aurez pas. Mais en bonne foi regardez-donc, est-il rien de plus beau que la situation de cette tête? Examinez ces yeux, cette bouche, ce sourire divin, ce coloris charmant : admirez les diverses positions de ces autres Tableaux. Songez sérieusement, Monsieur, songez, que bien peindre une jolie Femme dans toutes ses attitudes, c'est peindre l'ame de la Nature avec toutes ses nuances. Conviens, mon cher Nadir, que tu mérite bien cette leçon. Oui, Mirza, mais tu es mon excuse. Quel Tableau près de toi peut . . . . . n'importe ; j'accepte ces portraits ; tu le veux, ils seront dans ma Bibliothèque ; d'ailleurs la beauté, sous telle forme qu'elle puisse être, me présentera toujours ma chère Mirza.

Nadir alloit insensiblement s'engager dans des complimens encore plus expressifs, mais Mirza plus tendre que passionnée, défendoit quelquefois à Nadir cette espèce de complimens. Elle étoit dans un de ses momens de défense ; viens, lui dit-elle, en lui prenant la main, viens voir tes femmes, viens voir nos amies. Il est midi. Tu n'y as point encore été : c'est affreux, nous allons être plaisantés, querellés : viens donc. Nadir est d'abord entraîné malgré lui, mais enfin l'impétuosité des désirs se calme, & n'arrête plus sa marche. Mirza l'avoit bien prévu. Fatmé, Laure, Sophie, toutes entreprirent de quereller Nadir & Mirza. Rien au monde de plus charmant que l'union de quatre Femmes spirituelles. Le choix de Nadir étoit fait ; & cependant les trois Femmes du non choix étoient restées Amies de Nadir & de Mirza, Amies sans prétentions, sans jalousie sur le sort de leur Compagne, qui les aimoit aussi de bonne foi. O liberté, quel miracle vous opérâtes dans Chrysopolis ! quatre jolies Femmes sincèrement amies ! . . . . . Mais, pourquoi dans Lutèce, où tout est libre, ne trouve-t-on que les phantômes d'une telle société ? Pourquoi, parce qu'il y existe fort peu de Nadirs, & que l'inconstance y a multiplié les prétentions.

On vint faire observer à Nadir que les heures sont des momens lorsque l'on s'amuse. Déja quelques Bachas, grands amis de sa table, étoient arrivés dans le Salon, & y attendoient le moment du dîner. Ce plaisir d'avoir une table ouverte étoit souvent une gêne pour Nadir, mais il s'y étoit asservi. D'ailleurs lorsque des hommes tristement discoureurs l'avoient ennuyé, il goûtoit ensuite par opposition, avec bien plus de vivacité, la compagnie de quelques Convives, aussi foux qu'agréables. Le dîner de ce jour ne fut pas plaisant. D'abord il y eut de vieilles réflexions sur le beau & le mauvais tems; ensuite de vieilles nouvelles racontées par deux cens phrases, dont cent quatre-vingt d'inutiles. Puis des détails sur les oraisons funèbres du jour, capables de fournir à leurs Auteurs un nouveau travail; enfin des réflexions sur l'utilité de la science du Blason, & la conséquence des armes d'un Bacha à trois queues, &c. &c. A peine le dessert étoit-il présenté, que Nadir fit signe à ses Femmes qu'il leur laissoit le soin de suivre une conversation aussi intéressante, & se retira dans sa Bibliothèque.

Il en étoit à l'article *Politique*. Voyons, dit-il,

que mettrai-je en réserve sur cet objet? D'abord les règlemens de notre Empereur, ses ordonnances fondées sur les loix constitutives. Fort bien. Les loix constitutives de notre Pays sont très-belles; mais j'espère qu'on en réduira quelques-unes à une seule espèce. En effet, dans tous les Pays appartenans à un seul Empereur, ses loix doivent y être les mêmes, & il est ridicule que d'un terrain à un autre, ce soit la toise de l'Arpenteur, où la situation d'une Mosquée, qui détermine de quelle façon l'on doit obéir.

Voici d'excellens Ouvrages Théoriques sur les loix; il y en a fort peu. Voici le premier à mettre en réserve, & avec distinction. Gardons encore celui-ci. Cet autre?... Soit, mais, tout est dit. On a extrait dans ces livres ce qu'il y avoit de mieux dans l'Antiquité. Je n'ai donc plus besoin de ce fatras d'originaux en toutes langues, où un peu de bon sens est mélangé avec tant d'extravagances. Peu m'importe de voir dans un original, qu'on donnoit en certains Pays des marques de considération aux voleurs les plus adroits, tandis qu'avec raison on leur en donne à présent d'une espèce bien différente. Ce peu de volumes sur les Loix suffiront. Défaisons-nous de tout le reste.

Mais, ô Ciel! Quelle quantité de Commentateurs. Messieurs les Érudits, vous le dirai-je,

B 3

loin de fentir l'utilité de vos Ouvrages, je vois que vos Commentaires n'ont quelquefois préfenté que des moyens d'éluder la loi, & font devenus des germes de procès. Croyez que les Calideleskers font auffi capables que vous d'interpréter cette loi felon les occafions, & je ne fais trop fi vos talens n'ont pas produit plus de mal que de bien; d'ailleurs l'on m'a dit que notre jeune Empereur devoit bientôt s'appliquer à interpréter certains articles des loix, par des articles mêmes qui feront ajoutés à la loi, & y ferviront d'interprêtes. Alors il y aura bien moins de reffources pour la mauvaife foi.

Voyons à préfent quel eft cet amas prodigieux de Brochures. Ce font des Traités de politique, des Projets de finance, des Vues patriotiques. En vérité, Meffieurs les Auteurs, penfez-vous que nos Vifirs exaucés fur des fiéges, dans la grande Salle du Divan, n'ayent pas un point de vûe auffi étendu, que vous l'avez dans votre Cabinet? Croyez que fi vous euffiez pu donner dix millions de fequins à nos précédens Vifirs, ou que vous leur euffiez affuré l'inamovibilité de leur place, ils auroient peut-être effectué de plus belles chofes que vous n'en avez imaginé. Mais d'un côté cent belles penfées, de l'autre côté cent marcs d'or, le poids n'étoit pas égal; au refte nous avons aujourd'hui un Favori de l'Empereur, dont l'esprit & la probité ne vieilliront jamais ; nous avons auſſi des Viſirs éclairés & vertueux comme leur Maître. Je n'ai donc plus beſoin de tous vos contes. Sortez de chez moi. Allez occuper nos Dervis, car ils ſe mêlent un peu de tout.

CHAPITRE III.

IL étoit queſtion enfin de déménager l'article *des Sciences.* Nadir eſt dans le plus grand embarras. Il n'avoit pas aſſez de connoiſſances pour donner à cet égard des déciſions certaines. Il avoit bien mis en réſerve des Livres de calculs algébriques, des Élémens de Mathématique & de Géométrie ; mais ſur d'autres objets de Phyſique ſur ces nouveaux élémens de Chymie, de cette ſcience qui embraſſe toute la nature, dont la Théorie paroît toujours fondée ſur l'expérience, & ſur laquelle il voit cependant un nombre infini d'opinions oppoſées, il flotte dans l'irréſolution. Il prend un livre ; il le remet. Il en prend un autre ; il le remet encore. Il ſe promène. Il s'aſſied. Il rêve. Voilà où je t'attendois, s'écrie tout-à-coup une voix inconnue. Nadir ſurpris regarde avec attention ; il ne paroiſſoit aucun

Étranger. Ses Esclaves étoient tous sortis. Persuadé que ce bruit n'étoit que l'effet de son imagination, il continuoit de rêver, lorsque la même voix répète distinctement la même chose. Alors il se lève avec vivacité. Il cherche, & bientôt au détour d'un refend de sa Bibliothèque, il apperçoit un homme qui lisoit un Ouvrage scientifique. Cette figure n'étoit point absolument inconnue à Nadir ; sa Bibliothèque étant ouverte à tous les Savans de Chrysopolis, il se rappelloit bien l'y avoir vue quelquefois ; mais ce souvenir étoit confus. En effet cet homme un peu taciturne, habillé modestement, & poli avec simplicité, n'avoit pas été beaucoup remarqué par Nadir, & encore moins par les hommes à prétentions, qui venoient souvent s'ennuyer dans cette Bibliothèque pour afficher la science.

Nadir trouvoit cependant le propos de cet Étranger fort singulier. Je voudrois savoir, Monsieur, lui dit-il avec honnêteté, ce que vous pensez du livre que vous lisez. Il est très-bon, répondit l'Étranger, en fixant Nadir avec une vivacité affectueuse, mais j'adressois à l'Auteur les mêmes paroles qu'à vous. En voici le sujet : il a parfaitement démontré le mouvement de la terre & des autres planètes autour du soleil, mais encore asservi au préjugé général, il a pensé que le soleil étoit un corps de feu ; en conséquence, lorsqu'il a vu par ses calculs que Mercure étoit si près du soleil, il a été embarrassé de savoir de quelle qualité pouvoit être la terre de cette planète, qui n'étoit ni consumée ni volatilisée par le soleil. C'étoit en raison de cet embarras, que je lui disois en même-tems qu'à vous, c'est-là où je t'attendois. Hé bien, mon cher Nadir, je veux te rendre service, je vois ton embarras dans le choix de tous ces livres de science. Tu en sauras bientôt assez pour apprécier chacun de ces Ouvrages selon sa valeur. Je suis Philosophe, mais Philosophe par goût & non par ostentation. Aussi ne t'imagine pas que je tire mon origine de ton globe. Je suis, tel que tu me vois, un Habitant de Mercure. C'est par le secours d'une découverte ingénieuse que je suis monté ou descendu sur la terre que tu habite ; je dis, monté ou descendu, car tu sais que dans l'étendue de l'Univers, il n'y a ni haut, ni bas, ni centre, ni extrémités. Je vais te raconter en peu de mots l'origine de mon Voyage.

Tous les hommes de notre globe sont actifs. Le climat est à-peu-près le même que le tien, quoique fort proche du soleil : je t'en expliquerai les raisons. Quoique notre planète soit fertile en hommes d'esprit, nous n'y avons cependant qu'une seule Luminacie : c'est ce qu'on appelle chez vous Académie, & cette Luminacie n'est composée que de douze Sages ou Titulaires. Ce petit nombre te surprendra sans doute, mais apprends que pour être Luminacien dans Mercure, il faut avoir fait soi-même ou des découvertes importantes en fait de sciences, ou des Pièces vraiment neuves en fait de Littérature. Il faut d'ailleurs qu'un Luminacien ait renoncé de tout tems à ce grand étalage de petits prestiges, à cette fureur de se faire un nom par des systêmes erronés, à cette manie de vouloir s'élever en abaissant les autres, enfin à toutes ces prétentions insoutenables, que l'on présente quelquefois sous le voile de la modestie. Le nombre des Aspirans est de soixante. C'est parmi ces Aspirans que l'on choisit le remplacement des Luminaciens qui retournent au grand principe de lumière, mais on ne suit pour ce choix, ni l'ordre des dates, ni les quantités d'ouvrages fournis. Le mérite seul en décide.

Je suis un de ces Aspirans qui me flattois d'être élu à la dernière promotion pour l'objet des sciences. L'assemblée avoit été convoquée. Déja les douze Sages réunis regardoient mes Ouvrages. Ils tiroient des extraits, comparoient en raccourci mes réflexions, examinoient quelle étoit leur liaison entr'elles, leur vérité, leur utilité.

J'étois bien certain de n'avoir exposé que des expériences constamment vérifiées, & nullement imaginées pour présenter ou appuyer des systêmes ridicules. J'étois bien certain que dénué à cet égard de toutes prétentions, & n'ayant cherché qu'à m'instruire, mes réflexions n'en devoient être que plus justes. J'attendois donc mon sort avec une douce inquiétude, c'est-à-dire, avec moins d'inquiétude que n'en auroient peut-être beaucoup de tes Savans, s'ils alloient, sans amour-propre, à un pareil examen. Les douze Sages étoient enfermés ; les Aspirans qui n'avoient point de séance à cet examen, se promenoient, suivant l'usage, dans une salle voisine, lorsque tout-à-coup *Scintilla*, un de nos jeunes Compagnons, dont nous avions déja vu quelques bons Ouvrages, arrive d'un air empressé ; frappe au Cabinet des Sages, & demande à y être admis. Cette prière étoit contraire aux Statuts. On le refuse. Il insiste avec vivacité. Mes Amis, dit-il, en se tournant de notre côté ; joignez-vous à moi, il faut pour un instant que nous entrions tous. Je ne demande que cinq minutes d'audience. Aussi-tôt les Sages cédant au bruit qu'ils entendoient, & d'ailleurs n'ayant point la morgue, ou plutôt la petitesse de croire que cette infraction aux Statuts choquoit leur autorité ou leur mérite, accordèrent l'audience générale.

A peine tout le monde fut-il entré, que *Scintilla* s'adressant à l'assemblée, Messieurs, dit-il, comme aucuns mortels ne sont certains des instans successifs de leur existence, j'ai cru ne pas devoir différer un seul moment à vous faire part d'une découverte intéressante. Depuis long-tems les hommes ont recherché par quelles loix méchaniques ils pourroient franchir les espaces aëriens. Je suis flatté de pouvoir vous offrir aujourd'hui la réussite de mes recherches. La voici, dit il, en présentant un écrit; mais cet écrit ne suffit pas. La Théorie, quoique fort simple, ne seroit peut-être pas assez intelligible dans une matière aussi neuve. Ainsi avant d'en venir à la démonstration théorique, faisons l'expérience. Deux Esclaves ont porté mon appareil sur la plate-forme de notre Tour. Rendons nous-y.

A peine eut-il cessé de parler, que nos douze Sages se regardèrent entr'eux avec des témoignages de surprise, mais sans aucunes marques de mépris. Plusieurs d'entre nous au contraire sourirent, & moi plus indiscret que les autres, je ris avec éclat. Aussi-tôt le doyen des Luminaciens m'apostrophant de sang froid, *Ormasis*, me dit-il, nous ne vous connoissions pas ce trait d'amour-propre, de croire absolument impossible ce que vous ne concevez pas. Il faut vous en corriger : si la découverte de *Scintilla* est fidèle, ne trouvez pas mauvais que nous nous occupions de lui par préférence à vous. Volontiers, répondis-je vivement. Si la découverte de *Scintilla* est fidèle, non-seulement je ne serai point jaloux du mérite de *Scintilla*, & je lui rendrai tous les hommages possibles ; mais je promets, je jure, de ne reparoître dans cette auguste assemblée, qu'après avoir, à l'aide de cette méchanique, visité Hermione ; (c'est ainsi que nous nommons la terre que tu habite). *Scintilla* ne fut point piqué de mon incrédulité ; car dans notre planète les Savans ne se fâchent pas. Il vint au contraire me prendre la main avec amitié. Je n'exige pas, me dit-il, que tu tiennes ta parole. L'Auteur d'une voiture aussi périlleuse doit courir les premiers dangers. Je serois inconsolable si je privois la Compagnie d'un Sujet aussi utile que toi. A l'instant il sort, & engage l'assemblée de le suivre. On le suit.

Je marchois avec les autres. Je calculois, je réfléchissois en moi-même que l'écart des leviers pour former une résistance suffisante, c'est-à-dire, pour embrasser un grand volume d'air, exigeoit une force ou puissance considérable ; qu'en conséquence le point d'appui de cette force ou puissance devoit donc être d'une matiere très-solide, & que la pesanteur spécifique de cette matiere devant donc être augmentée proportionnellement, il étoit impossible que pareille méchanique s'élevât. Enfin je me figurois une machine avec des aîles, telle à-peu-près que tu as pu voir chez toi ce Char canonical, dont le phaëton fut *étampé* par terre; mais! quelle fut ma surprise, lorsque arrivé sur la plate-forme, je vis deux globes de verre de trois pieds de diametre, montés au-dessus d'un petit siége assez commode. Quatre montans de bois couverts de lames de verre soutenoient ces deux globes. Dans l'intervalle de ces montans paroissoient quelques ressorts que je jugeai devoir donner le mouvement aux deux globes. La piece inférieure qui servoit de soutien & de base au siége, étoit un plateau enduit de camphre & couvert de feuilles d'or. Le tout étoit entouré de fils de métal. Aussi-tôt que j'eus apperçu cette machine électrique d'une nouvelle forme, je devins moins incrédule sur la réussite de *Scintilla*. Je me rappellai qu'il avoit déja donné des Mémoires intéressans dans cette partie. Il nous avoit expliqué sensiblement les causes électriques de certains effets, tel, par exemple, que la division de l'or par la percussion de la lumiere, & rassemblé dans sa premiere forme par un nouveau mouvement. Il nous avoit encore démontré que la teinture violette du tournesol, convertie en couleur rouge par le coup électrique, n'étoit autre chose que l'effet des parties sulphureuses contenues dans l'air, qui, décomposées par l'inflammation du phlogistique, laissoient des portions acides à découvert, & assez acides pour rougir cette teinture. Qu'il n'y avoit dans cette expérience aucune décomposition de l'air, mais seulement la décomposition des parties sulphureuses qui y sont contenues. Enfin *Scintilla* nous avoit déja expliqué un nombre infini de petits phénomènes, semblables à ceux qui étonnent aujourd'hui quelques Savans de ton globe, & leur font tirer des conséquences à perte de vue. Je t'avoue donc, mon cher Nadir, que plus j'approchois de cette méchanique, plus ma surprise & ma crédulité augmentoient.

Enfin il n'y eut bientôt plus aucuns doutes à former. *Scintilla*, dont le corps étoit aussi alerte que l'imagination, monte lestement sur sa méchanique, & poussant promptement une détente, nous vîmes les deux globes tourner avec une rapidité prodigieuse. Messieurs, dit-il, vous voyez que pour m'élever en l'air, mon principal moyen est d'annuller au-dessus de ma tête la pression de l'atmosphère. Observez que la percussion de la lumière agit actuellement au-dessous de ma méchanique. C'est elle qui va m'enlever sans beaucoup d'efforts, & maître du mouvement de mes globes, je descendrai ou monterai en telles proportions qu'il me plaira. Vous voyez encore..... mais nous ne l'entendions plus. Sa machine entourée tout-à-coup d'un cercle lumineux, s'étoit enlevée avec la plus grande vîtesse. Jamais spectacle si nouveau & si beau ne s'offrit à nos yeux. Nous le vîmes pendant quelque tems rester immobile, puis redescendre, puis s'élever de nouveau. Enfin nous le perdîmes de vûe.

Après nos premiers transports d'admiration, nous réfléchîmes aux dangers que couroit notre Ami. Nous ne doutions pas de la solidité de sa méchanique; mais comment résister à une course aussi rapide sans être suffoqué? Cependant le doyen de nos Sages nous tranquillisa; Messieurs, nous dit-il, réfléchissez à ce qu'il nous a observé en partant. Ne nous a-t-il pas assuré qu'il annulloit au-dessus de sa tête la pression de l'atmosphère? Or, l'effet qu'il opère, n'est donc point celui de vaincre la résistance de l'air, par une force plus grande que cette résistance; ainsi je me flatte qu'il respire avec la même facilité que nous. Je crois même que le mouvement de rotation des globes doit écarter de lui les parties d'eau d'eau de l'atmosphère qui pourroient l'incommoder, & je présume encore que ce même mouvement doit entretenir une chaleur ou température assez agréable.

Ces réflexions judicieuses nous rassurèrent. En effet, après une heure d'attente, nous vîmes reparoître *Scintilla*. Ses mouvemens de direction bien conduits, nous assurèrent qu'il jouissoit de sa tête & de ses forces. Lorsqu'il fut près de nous il descendit avec plus de lenteur, & se posa environ à la même place d'où il étoit parti.

Tu penses peut-être, Nadir, que notre Ami, en sortant de son siége, alloit être rayonnant de gloire & d'orgueil, qu'il alloit nous vanter son importance par celle de sa découverte, & exiger le tribut de nos respects; que pareil à ces petits individus de Chrysopolis, qui ayant présenté à leur Luminacie une petite combinaison saline, s'imaginent que l'Hippodrome n'est plus assez vaste pour les contenir. Détrompe-toi. *Scintilla* nous embrasse. Nous l'embrassons aussi avec la plus grande cordialité. Mes Amis, nous dit-il, vous auriez sûrement fait cette découverte avant moi, si vous vous en étiez occupés. Mais les autres objets qui ont excité vos travaux, ne sont pas moins importans. Cette découverte seroit même très peu de chose, si nous n'avions pas l'espoir de parcourir différens globes de l'Univers, & d'augmenter nos connoissances. Dès demain je compte partir, & me plonger d'abord dans ce fleuve brillant qui nous éclaire, & dont nous ne sommes pas éloignés. Je veux connoître, s'il se peut, les principes de la lumière. Non, répondis-je vivement, je ne souffrirai pas, mon cher *Scintilla*, que vous fassiez de pareils voyages. Votre imagination féconde est trop utile à notre Compagnie, pour que vous exposiez vos jours. Je pars. Restez avec nos Sages, qui vont vous admettre parmi eux. Je vais, comme je l'ai promis, me rendre dans Hermione. Nous avons déja présumé par les disparitions éphémères de cette planète, qu'elle n'est point lumineuse par elle-même, puisqu'elle est sujette à être éclipsée par l'interposition d'autres globes opaques qui se trouvent entre elle & le soleil. Or la ressemblance de ce corps terreux avec le nôtre, m'annonce qu'il y a peu de dangers à le visiter. Lorsque j'aurai parcouru cette terre, je passerai proche du soleil pour revenir, & alors je vous ferai part de mes observations.

Au même instant je me rends chez moi. Je prends une forte provision de poudre nutritive. Je prends aussi plusieurs de nos pierres phosphoriques; mais je ne les prenois que pour me fournir de la lumière en cas de besoin: je ne prévoyois pas alors que ces pierres fort communes chez nous, me feroient d'une si grande utilité dans ton Pays. Je retourne à la plate-forme. J'y retrouve Scintilla qui instruisoit l'assemblée. Je prends aussi de lui les instructions nécessaires pour combiner ma marche selon mon gré. Enfin je pars avec l'admiration & les regrets de mes Amis.

CHAPITRE IV.

IL faisoit déja nuit, mais mon vol dirigé vers Hermione, me transporta bientôt plus loin que la projection de l'ombre de notre planète : plus je m'éloignois, & plus ma course devenoit rapide, sans que je fusse obligé d'accélérer le mouvement. Enfin après cinq cens heures de marche, je me trouvai à égale distance de ta terre & de la lune. J'examinai bien ces deux globes. Le tien me parut en effet le plus grand; mais c'étoit d'ailleurs le même spectacle que celui de la lune. Je remarquai qu'il y avoit, comme dans la lune, des parties plus éclairées que d'autres. J'augurai avec raison que les parties de ton globe, où il y avoit plus d'amas de nuages ou d'eaux, me réfléchissoient bien plus vivement les rayons du soleil que celles où il n'y avoit pas de nuages, & je ne fus pas assez simple de croire que c'étoit des vallées & des montagnes qui formoient ces inégalités de lumière. En effet, en me précipitant dans la partie la plus lumineuse de ton globe, je m'apperçus bientôt que j'étois environné de brouillards épais qui m'offusquoient la vûe, parce qu'alors les rayons de lumière, au lieu d'être réfléchis vers moi, m'étoient interceptés. Représente-toi un plongeur, qui, se promenant sur le rivage, peut à peine fixer des eaux éclatantes de lumière, lorsque le soleil y réfléchit ses rayons, & qui se promenant sous ces mêmes eaux, jouit à peine d'une foible clarté. Voici, mon Ami, l'explication de ce que l'on nomme improprement chez toi les taches de la lune. Cette première instruction, mon cher Nadir, est peu de chose, mais je suis bien aise, en toute circonstance, d'enlever de ton esprit l'erreur des préjugés.

Je m'apperçus bientôt qu'il falloit écarter une plus grande pression de l'atmosphère, afin de n'être pas précipité vivement sur ta planète. Ma méchanique étoit retournée dans la position convenable, & à mesure que j'éprouvois plus de pesanteur, j'augmentois le mouvement de mes globes; mais enfin distrait par le spectacle qui se présentoit à mes yeux, c'étoit une vallée ornée d'une quantité de maisons agréables, je tombai malheureusement sur une montagne avec trop de pesanteur, & mes deux globes furent brisés. Je fus désolé, mais enfin je conçus l'espérance de réparer cette perte. Voici cependant deux années que je cherche inutilement le métal avec lequel on forme dans notre planète ces globes de verre électrique. Ce n'est aucuns des neuf métaux connus aujourd'hui par tes Savans, qui font la base de cette vitrification exempte de bubes & de sillons. J'ai pris donc toutes les peines imaginables à cet égard. J'ai cherché dans tous les Pays. J'ai même découvert une ouverture dans une de tes montagnes, par laquelle j'ai pénétré jusques dans les plus profondes cavités de ta planète, sans avoir découvert ce métal. Je ne me rebute pas. Je cherche encore, & j'espère. Je ne te ferai point ici un détail inutile des diverses aventures que j'éprouvai depuis cette époque. Je te citerai seulement un trait qui contient quelques réflexions instructives.

Tu t'imagine bien que mes pierres phosphoriques, qui étoient des diamans superbes, fournirent abondamment à mes besoins. Un jour cependant j'en sacrifiai un par humeur, c'est-à-dire, dans la seule intention de punir un homme qui le méritoit.

J'avois pour habitude d'aller visiter tous les Auteurs dont je lisois les Ouvrages. Quelquefois je causois avec plaisir avec des hommes raisonnables; mais souvent je trouvois des gens opiniâtres dans leurs idées, persuadés de tout savoir, malhonnêtes, & croyant impossible tout ce qu'ils ne savoient pas. J'étois donc un jour chez un de ces prétendus Savans, infatués d'eux-mêmes, lorsqu'on lui apporta les nouvelles publiques. Il y lut que des hommes laborieux venoient de s'assurer par diverses expériences, que le diamant étoit volatil au feu. Aussi-tôt mon homme entrant en fureur, est-il possible, s'écria-t-il, que l'on berce le Public avec de pareilles rêveries, & que l'on ait l'effronterie de donner des escamotages pour des expériences? Doucement, lui dis-je, Monsieur, tranquillisez-vous. Réfléchissez-donc, je vous prie, que le diamant est une terre phosphorique, une terre contenant beaucoup de phlogistique, fort peu d'eau, & presque point d'air. Que c'est même par cette dernière raison, qu'à l'instant de l'inflammation du phlogistique qui divise alors toutes les molécules terreuses, il ne se fait aucune explosion sensible. Fort bien, Monsieur le raisonneur, fort bien, me répliqua-t-il, mais, dites-moi, qu'est-ce que votre phlogistique? Je ne le connois pas moi, ce phlogistique;

c'est un mot. Oui, répondis-je, c'est un mot, mais je me charge de vous expliquer ce mot. Je me charge au moins de vous expliquer sensiblement un principe intelligible à tous les Physiciens de l'Univers, & les effets de ce principe; ensuite vous changerez le mot, si bon vous semble. O parbleu, je ne vous écouterai seulement pas, vous ne me diriez que des balivernes chymiques. Hé bien, n'en parlons plus; mais au moins j'espère que Monsieur connoît les diamans; (& j'en tirai un de ma poche) comment trouvez-vous celui-ci? Est-il d'une belle eau? Je vis à l'instant mon homme dans l'admiration, il convint qu'il n'avoit jamais rien vu de si beau. Ce n'est pas tout, ajoutai-je, montrez moi cette bague qui est à votre doigt? Il avoua qu'elle n'étoit rien en comparaison de mon diamant, quoiqu'elle lui eût coûté deux mille sequins. Voulez-vous prendre un morceau de cristal, une topaze, un rubis, & nous allons passer dans un lieu obscur. Il y vint avec moi. J'avois caché mon diamant. Je lui fis d'abord frotter le sien avec une étoffe. Mon homme fut très-étonné, que par une friction aussi foible, son diamant produisît de la lumière. Je lui fis ensuite frotter ses autres pierres, qui ne donnèrent aucune lumière. Vous voyez, lui dis-je alors, que votre diamant est un corps plus phosphorique que ces autres pierres, & par conséquent plus phlogistiqué. Au même instant je lui fis voir mon diamant, qui, par le seul frottement de l'air, donnoit des jets de lumière éclatans. Hé bien, lui dis-je, vous voyez que cette pierre est encore plus phosphoque que la vôtre. Repassons dans votre appartement. Voulez-vous que nous mettions dans ce feu, qui n'est pas très-vif, nos deux diamans. Ils sont à vous s'ils peuvent y résister. Très-volontiers, me répondit-il, je ne crains rien, & je veux vous prouver toute ma certitude à cet égard : soufflez même, si vous le voulez, il n'y a pas de danger. D'accord, ce sera plutôt fait. Tout-à-coup nous apperçumes un éclair très-vif. Mon homme craignit alors quelque événement ; mais il n'étoit plus tems d'y remédier. Je lui souhaitai le bon jour, en le priant d'examiner si la vive combustion du phlogistique de ma pierre n'avoit pas accéléré l'inflammation de la sienne. Il ne m'a jamais revu, & je suis bien sûr qu'il en a été de même des deux diamans que je mis dans son feu.

Mais je m'apperçois, mon cher Nadir, que je te retiens ici long-tems, & peut-être contre ton gré ? Il s'en faut bien, répondit Nadir avec vivacité, votre récit m'a singulièrement affecté. Cher

Ormasis, demeurez avec moi. Je travaillerai avec vous. Je m'instruirai. Je me livrerai aussi à la recherche de ce métal vitrifiable, qui est l'objet de vos désirs. Je voudrois vous voir entièrement heureux. Vous m'intéressez on ne peut davantage. Restez avec moi. Mon cœur, ma bourse..... Ton cœur, Nadir, je le connois, il est excellent. J'accepte ton amitié. Ta bourse, je n'en ai pas besoin. Demain trouve-toi ici à la même heure, je te présenterai quelques instructions, & je serai charmé qu'elles t'amusent. A l'instant Ormasis sortit avec une telle promptitude, que Nadir s'apperçut à peine du moment de cette séparation.

Les premières sensations que causent un récit nouveau & intéressant, séduisent comme la lecture de certains Ouvrages. Souvent un examen réfléchi détruit les charmes de l'illusion. Nadir ébloui par des lueurs scientifiques qu'Ormasis avoit fait paroître dans son récit, & entraîné par le ton d'assurance de ce Philosophe, s'étoit entièrement livré à la confiance. Mais bientôt il hésite de croire de pareilles avantures. Il descend dans ses jardins. Il y rencontre Mirza qui venoit y jouir de la fraîcheur d'une belle soirée. Chère Mirza, lui dit-il, tu me vois rêveur. L'homme est fait pour penser; mais ton sexe a les mêmes droits. Partage avec moi ma surprise & mes doutes. Lève tes yeux. Vois ces astres qui brillent sur ta tête. Regarde particulièrement cette étoile du côté de l'Occident. Tu sauras que c'est la planète qui approche de plus près l'astre du jour. Hé bien, croirois-tu cependant qu'elle est habitée par des hommes comme nous ? Croirois-tu qu'un de ses Habitans est venu sur notre globe, que cet homme rare vient de converser avec moi, qu'il m'a raconté l'origine de son voyage, avec des détails singuliers.... Tu ris.... Attends un moment. Nous verrons qui de nous deux sera le plus crédule. Aussi-tôt Nadir raconte à Mirza l'histoire d'Ormasis. Il lui peint toutes les circonstances avec le même style, la même vivacité du Philosophe. Il y ajoute les mêmes réflexions, fait un tableau de la dignité de cet homme, qui se proposant de l'instruire, & acceptant son amitié, refuse l'offre de sa bourse. Enfin Mirza est vivement affectée de ce récit. Je n'en doute plus, dit-elle, l'aventure de cet homme porte un caractère de vérité qui m'entraîne. Des réflexions aussi claires que les siennes ont-elles besoin, pour être apperçues, de s'élever sur les ombres de l'imposture ? Mon cher Nadir, demain retiens cet homme, qu'il demeure avec toi, qu'il cause avec nous. J'ai bien des questions à lui faire. Les femmes de sa planète sont-elles jolies ? Comment se parent-elles ? Aiment-elles comme je t'aime ? Ah, mon Ami, fi cet homme trouvoit enfin le métal qu'il défire, s'il parvenoit à exécuter fa méchanique, s'il te propofoit de t'enlever avec lui, y confentirois-tu ? Serois-tu affez curieux de ces nouveautés pour m'abandonner ? Mon ame auffi fubtile que le feu électrique qui t'enleveroit, te rejoindroit bientôt, mais lorfque tu reviendrois fur notre terre, tu n'y retrouverois plus ta Mirza : tu n'y retrouverois plus au moins ces organes animés, ces foibles charmes que tu idolâtres, heureux interprètes de ma tendreffe. Mon Ami, promets moi. Jure moi..... . Oui, interrompit Nadir, je jure que jamais mon amour ne fera aucun facrifice à la curiofité. Mais ma chère Mirza, tu te moquois tout-à-l'heure de cette avanture, je te l'ai bien prédit. Ne fuis-je pas le moins crédule, car je penfe que cet homme n'eft qu'un plaifant, mais c'eft un plaifant fort agréable, fort inftruit ; & il me devient d'autant plus cher, qu'il a fait naître chez toi des frayeurs fur mon fort, que tu m'as repréfentées avec le pinceau le plus expreffif du fentiment. Divine Mirza...... Mon cher Nadir......

Mirza affife & appuyée fur des marches de verdure, confidéroit l'innombrable quantité de globes qui étoient fur fa tête. Quoi donc, dit-elle, fe peut-il qu'il n'y ait point de terme à l'immensité de cette création ? Non, répondit Nadir, & notre meilleur Astronome, s'il étoit transporté dans un des satellites de Jupiter, seroit obligé d'étudier une nouvelle sphère. Vois Mirza, vois combien l'homme est petit. C'est ce dont je ne m'apperçois pas, répliqua Mirza. En effet, selon les principes de ton Philosophe, tout n'est jugé que par comparaison. Il n'y a donc rien de grand & de petit dans la Nature, puisqu'il n'y a ni extrémités, ni centre. Je sens donc démonstrativement que l'un & l'autre ne se rencontrent que par des comparaisons. Conviens que je suis une bonne Philosophe....... Mais pourquoi t'amuser à me fixer. Regarde donc le Ciel. — Je le vois. — La lumière de ces Astres est d'une douceur, d'une beauté.... Réfléchie par tes yeux, elle a bien plus d'intérêt. Je vais les fermer..... Mirza..... Cruelle, attends un moment. Non, Nadir je n'y tiens plus. Un songe délicieux m'enlève.......

Nadir & Mirza firent à-peu-près le même rêve. Le voyage du Philosophe se retraçoit dans leur imagination ; mais celle de Nadir étoit un peu plus occupée des détails. Mirza rêvoit qu'elle étoit enlevée par Nadir dans les Cieux du Prophète. Nadir s'imaginoit toucher les deux globes agités. Il se sentoit élever, puis descendre par gradation, puis s'élever de nouveau. Enfin le mouvement électrique le transporta plus d'une fois aux Cieux du Prophête.

Plusieurs voyages dans un même rêve sont quelquefois fatiguans. Nadir s'en apperçut un peu avant Mirza ; mais ils s'éveillerent ensemble. Leur conversation moins animée que ce songe, n'en fut pas moins intéressante. Un semblable réveil est la pierre de touche des êtres spirituels. Nadir & Mirza n'avoient jamais connu ces heures d'ennui, qui dans certains tête à tête, succèdent souvent à quelques minutes d'occupation.

Cependant les heures, qui ne sont elles-mêmes que les détails d'un songe, s'étoient écoulées avec rapidité. Ils rentrèrent dans le cercle de leur Compagnie, & décidèrent de garder le secret sur la rencontre du Philosophe.

CHAPITRE V.

NADIR avoit attendu avec impatience l'instant qui devoit lui ramener Ormasis. Arrivé le premier au rendez-vous, il se promène dans sa Bibliothèque ; il regarde de tems en tems sa pendule. Déja l'inquiétude, la crainte de ne plus revoir son Philosophe le tourmente, mais Ormasis paroît, & la joie renaît dans son cœur. J'ignore, aimable Ètranger, quel charme est répandu sur votre personne, mais l'inquiétude que je viens d'éprouver, me persuade que votre Compagnie est devenue une portion de mon bonheur. Ton compliment est sincère, mon cher Nadir, & cependant il n'est encore que l'effet de l'illusion. Oui, des motifs curieux sont ce qui détermine à présent ton amitié, mais un jour j'aurai d'autres droits sur ton cœur. Hier en te quittant, je me rendis à cette ouverture de la terre dont je t'ai parlé. J'ai jugé par la chaleur des vapeurs, qu'il doit y avoir bientôt explosion, & par conséquent de nouvelles ouvertures dans les masses des rochers. Que je serois heureux si je pouvois y trouver mon métal! Je compte à l'entrée de la nuit continuer mes recherches. Pourquoi, répondit Nadir, pourquoi vous exposer ainsi? Mais quelle lumière peut suffire pour guider votre marche dans ces abîmes? Vos diamans sont-ils assez lucides? Non, mon cher Nadir, je n'en ai pas besoin. Ces cavités profondes sont illuminées par des éclairs continuels. D'ailleurs.... n'est-ce pas, reprit Nadir, cette espèce de feu, que l'on nomme le feu central? Des mots, des mots, interrompit Ormasis, il n'existe qu'une seule espèce de feu dans la nature. Je vais d'abord te développer la vérité de ce grand principe, sur lequel il y a eu dans ta planète tant de systêmes erronés.

Tes Savans t'ont bien appris que le feu existe dans tous les corps de la Nature, mais voici deux questions sur lesquelles ils ont eu la finesse de ne jamais répondre clairement.

En premier lieu, le feu est-il un élément d'une autre espèce que la lumière, & doit-on croire que la Nature ait multiplié à cet égard ses opérations ?

En second lieu, pourquoi le mouvement développe-t-il le feu des corps ? Pourquoi, par exemple, deux morceaux de bois frottés l'un contre l'autre, produisent-ils du feu ?

Je vais d'abord répondre à cette seconde question, parce qu'elle nous conduira bientôt à résoudre la première.

Tu connois sans doute les expériences par lesquelles tes Savans t'ont démontré les loix des forces centrifuges, & pourquoi avec égalité de force tu jette plus loin une balle de plomb qu'une balle de liége. Observe donc que le feu qui existe dans l'atmosphère comme dans tous les corps, étant l'élément le plus léger, est moins asservi aux loix des forces centrifuges, que ne le sont l'air & l'eau : or, en frottant un corps quelconque, qu'en résulte-t-il ? Les élémens les plus lourds, & par conséquent les plus assujettis aux loix des forces centrifuges, tels que l'air & l'eau, s'écartent davantage du corps que l'on frotte. Alors l'élément du feu, qui est le plus léger, y domine, & il s'y manifeste plus ou moins, en raison de la vivacité des frottemens qui écartent une plus ou moins grande quantité d'air & d'eau. Lorsqu'on ne continue pas long-tems les frottemens, les parties d'air & d'eau qui étoient excentrés du corps, s'y rétablissent par la pression naturelle de l'atmosphère.

Souffrez, Ormasis, que je vous interrompe. Comment donc .... tous les effets de l'électricité dépendroient, je crois, de ce même principe? J'y réfléchis. En effet, en faisant les expériences de l'électricité, l'air écarté des corps électrisés est bien sensible. C'est sans doute ce même air, qui étant chassé par le mouvement, & répercuté sur un vase où l'on a mis de la poussière ou des morceaux de papier, les enlève, les précipite, & occasionne cette agitation qui me paroissoit surprenante. C'est sans doute ce même air qui met en mouvement les sonnettes du carillon électrique. Il résulte aussi de ce principe, que quand l'atmosphère est chargé de vapeurs, & par conséquent plus pesant, il faut des forces centrifuges plus considérables, pour écarter les portions d'eau qui empêchent le développement du feu.

C'est

C'eſt en effet ce que l'expérience démontre, puiſque l'on peut à peine développer le feu électrique, lorſque le tems eſt humide. Cependant ce qui me paroît difficile à concevoir, c'eſt que le feu ſe développe à l'inſtant même où j'approche ma main, ou autre corps quelconque, ſoit de la chaîne, ſoit du tuyau conducteur électrique. Ce qui me ſurprend encore, c'eſt le coup que je reçois, & que cent perſonnes peuvent recevoir en même-tems que moi. D'où proviennent donc ces effets ? Je vais, répondit Ormaſis, ſatisfaire ta curioſité.

Obſerve d'abord qu'en approchant un corps quelconque du corps électriſé, le feu ſe trouve plus reſſerré dans l'eſpace où ces deux corps ſont rapprochés. C'eſt donc dans cet eſpace où le feu doit ſe développer davantage, & toujours en raiſon de ce principe, que plus le feu eſt comprimé dans les corps, plus il a d'action. C'eſt auſſi par cette raiſon que les corps les plus durs que l'on approche du conducteur électrique, ſont ceux qui développent une plus grande portion de feu, & l'étincelle qui s'échappe eſt en effet beaucoup plus vive. Quant aux coups de l'électricité, ils ne te ſurprendront plus, d'après ce que je vais t'expliquer.

Le feu n'eſt autre choſe que la lumière agitée. Lorſque la lumière a peu de mouvement, elle éclaire sans aucun effet sensible ; mais lorsqu'elle éprouve un mouvement accéléré, alors le premier effet de cet élément est le même que celui des autres élémens mis en mouvement. Il frappe les corps qui sont proche de lui, & enfin en raison de sa subtilité, il les pénètre. Lorsque cette percussion est répétée, elle occasionne la division des corps, & ces corps en se divisant, divisent eux-mêmes par l'écart de leurs parties les corps dont on les approche. C'est ce qu'on appelle alors *brûlure* ou *combustion*. Plus ces corps sont faciles à diviser, plus ils sont attaqués par cette percussion ; voilà pourquoi les huiles essentielles, les résines, les bois, sont bien plus promptement décomposés par cette percussion que les pierres & les métaux.

Le feu électrique qui se développe sur un corps, est donc le premier effet de la lumière agitée, & cet effet peut être comparé à celui des autres élémens que l'on agite ; mais observe que l'activité de la course de cet élément supplée à la légéreté de sa masse, & donne une percussion bien plus vive que n'en donne les autres élémens, malgré leur plus grande pesanteur. Cette percussion subtile peut frapper cent personnes à la fois, de même que de cent billes d'ivoire qui se touchent, la percussion à peine donnée à la première, est la même qu'éprouve sur le champ la dernière. Lorsqu'en faisant l'expérience de l'électricité, on augmente les frottemens, alors la lumière fortement agitée, entraîne avec elle plus de portions de matière, dont les écarts percent, divisent ou brûlent les corps qu'on en approche.

Je conçois à présent, répondit Nadir, & je vois clairement que l'air & l'eau de l'atmosphère, qui ont une pression marquée sur tous les corps de la Nature, peuvent être écartés d'un corps par le mouvement, & qu'alors l'élément du feu, qui est le moins assujetti aux loix des forces centrifuges, doit dominer dans ce même espace, dont l'on a écarté une quantité d'air & d'eau, & par conséquent s'y développer, & y donner une percussion plus ou moins vive, en raison des frottemens plus ou moins forts; mais j'entrevois une conséquence de ces principes qui m'étonne beaucoup. Seroit-il possible qu'il n'y auroit aucune chaleur ni feu, si la matière cessoit d'être en mouvement? Seroit-il possible que le soleil, cette masse immense de lumière, ne nous donneroit presque point de chaleur, si notre globe cessoit d'être en mouvement? Oui, Nadir, sois certain de cette vérité. Ce n'est que le mouvement des corpuscules terreuses, dont l'air de ton atmosphère est rempli, qui accélère l'agitation de la lumière, & en forme ce qu'on appelle le feu. Hé ; ne vois-tu pas que sur des montagnes élevées, où les corpuscules de matières terreuses sont moins en mouvement, vu qu'elles ne sont point répercutées comme dans les vallons, ne vois-tu pas, dis-je, qu'il n'y a qu'une foible percussion, c'est-à-dire, une foible chaleur. Ne vois-tu pas que le soleil y peut à peine diviser les neiges & les glaces, quoique ces terreins ayent eux-mêmes un mouvement de rotation plus considérable, eu égard à leur plus grande distance du centre de la terre.

Ne sois donc plus surpris de ce que l'eau raréfiée par la chaleur, se condense lorsqu'elle est élevée à une certaine hauteur, & qu'elle retombe en pluie. Si le soleil étoit une masse de feu, comment expliquerois-tu cette condensation de l'eau, cette formation rapide de la neige, de la grêle ? Il résulteroit nécessairement que plus l'eau s'éleveroit, plus elle deviendroit raréfiée. Il ne tomberoit jamais de pluie sur la terre, il n'y auroit jamais de nuages, & les molécules de matière atténuées de plus en plus par la chaleur, monteroient toujours dans la région supérieure, en raison des pesanteurs spécifiques dont tu connois les loix. Les effets de ce feu électrique, nommé tonnerre, ne seroient pas dangereux, puisqu'il n'y auroit point de matière condensée, dont la chûte & les éclats causent des explosions si terribles. Les nuits ne seroient point des espaces de tems suffisans, pour que toutes ces condensations puissent s'opérer. D'ailleurs il résulteroit que la pluie, la grêle, le tonnerre, ne tomberoient, pour ainsi dire, que pendant les nuits, & il y a long-tems que la portion de ton globe, qui est pendant six mois éclairée par le soleil, seroit réduite en cendre.

Remarque encore les effets de ce que tu nommes l'apogée & le périgée. Tu vois que la saison où le soleil est le plus éloigné de toi, est précisément la saison pendant laquelle tu éprouves plus de chaleur. Pourquoi ? parce que les rayons de lumière restent plus long-tems sur ton hémisphère. Si le soleil étoit une masse de feu, cette masse de feu étant plus proche de la terre pendant l'hiver que pendant l'été, conviens au moins qu'il y auroit des momens, dans des jours d'hiver, où le soleil t'échaufferoit bien davantage que pendant l'été ; car réfléchis bien que des rayons de feu ne doivent pas être assimilés aux autres corps pesans, dont la chûte est plus ou moins grave, en raison de la ligne droite ou oblique qu'ils peuvent décrire. Suspends à un fil d'archal un boulet de fer rougi au feu, & présente-lui un thermomètre aux mêmes distances en ligne perpendiculaire & oblique, tu verras que la chaleur y sera entièrement égale. Voici, Nadir, des principes sensibles : tu les concevras plus aisément que les mots *d'air inférieur* & *d'air supérieur*, avec lesquels plusieurs hommes ont bercé ton ignorance.

CHAPITRE VI.

Nadir étonné des raisonnemens d'Ormasis, refusoit cependant de s'y rendre; il est vrai que le poids d'un préjugé, généralement adopté, accable quelquefois l'esprit le plus fort. Il réfléchit un moment. Voici, sans doute, dit-il à Ormasis, l'opinion des Luminaciens de votre planète, & je vois que cette opinion est entièrement contraire à la nôtre; mais je vous prie de répondre à l'objection suivante. Comment, en rassemblant avec un verre les rayons du soleil, pourroit-on produire un feu si considérable, si le soleil n'étoit pas lui-même une masse de feu ?

Rappelle-toi bien, Nadir, les principes que je viens de t'exposer, & tu verras que cette expérience concourt à les affermir. Je t'ai dit que la lumière agitée forme ce qu'on appelle le feu, & que plus cette lumière est agitée, plus le feu est violent. Observe donc que la lumière, déja agitée par le mouvement des corpuscules de l'atmosphère, passant ensuite par un corps plus dense que l'air, qui est le verre, doit être alors encore plus agitée. D'ailleurs l'inégalité des résistances, relativement aux diverses épaisseurs du verre, occasionnant circulairement des angles de réflexion, il se trouve donc une multitude de rayons resserrés. C'est donc à ce point de la plus grande réunion, où l'agitation de la lumière doit être très-considérable. Enfin la preuve sensible de l'agitation de la lumière, c'est l'activité avec laquelle ces mêmes rayons réunis se divergent ensuite. Or, quand au point de leur réunion, il se trouve un corps plus dense que l'air qui arrête cette activité de divergence, il s'y fait nécessairement des écarts, que l'on a nommés *chaleur*, *brûlure* ou *combustion*. Ces noms ne sont que relatifs aux divers degrés de force de la percussion plus ou moins multipliée.

Pour achever de te démontrer que c'est cette agitation considérable de la lumière qui produit le feu, observe ce qu'un de tes Physiciens a découvert. Il a remarqué en faisant passer des rayons du soleil par une lentille de verre, qu'à la suite du cône de convergence des rayons, le cône de divergence produisoit plus de chaleur au même degré que l'autre, quoique plus éloigné du soleil.

Examine enfin ces phosphores que la Nature te présente, examine sur-tout ce phosphore étincelant de lumière créé par tes Savans : à peine en le touchant éprouve-tu la moindre sensation de chaleur; mais aussi-tôt que tu l'agite & le frotte vivement, cette lumière ne devient-elle pas tout-à-coup un feu, dont les effets sont très-violens ? Le feu n'est donc que la percussion de la lumière agitée.

Mais, demanda Nadir à Ormasis, tous les corps de la nature contiennent donc de la lumière, quoiqu'elle ne soit pas sensible à nos yeux ? N'en doute pas, répondit Ormasis, & si tu ne vois pas cette lumière dans un grand nombre de corps, c'est la tortuosité de leurs pores qui te l'intercepte. Par exemple, lorsqu'un fer qui a rougi au feu, & ne présente plus de lumière, brûle cependant les substances que l'on en approche; crois bien que la lumière est encore agitée dans ce morceau de fer, quoiqu'elle ne soit plus sensible à tes yeux; sois sûr que cette lumière agitée lance sur les objets qu'on en approche, ou des molécules du fer même, ou celles d'autres corps qui avoient pu être entraînées avec elles dans les pores dilatés de ce métal.

Fais encore cette obfervation importante ; c'eft que les corps les plus obfcurs en apparence contiennent quelquefois plus de rayons de lumière que les corps blancs. En effet, ces derniers réfléchiffent les rayons ; les autres les abforbent. Et ne fais-tu pas que de deux hommes expofés au foleil, l'un vêtu de noir, l'autre de blanc, celui vêtu de noir éprouve beaucoup plus de chaleur que l'autre. Les rayons de lumière ne font donc pas anéantis, & quoiqu'ils ne paroiffent plus à tes yeux, ils n'en exiftent pas moins dans les corps les plus opaques. L'homme qui dans une caverne obfcure tire du feu des pierres en les précipitant l'une fur l'autre, auroit-il l'orgueil de croire avoir créé de la lumière. Non, il agite, il développe la lumière des corps, mais il ne crée rien. Je t'expliquerai bientôt par quels principes fimples la lumière, malgré fa légèreté, pénètre jufques dans les plus profondes cavités de la terre.

Il eft donc fenfible que le corps le plus opaque & le plus noir, n'en contient pas moins de lumière, mais cette lumière nous eft interceptée par la tortuofité de fes pores, & c'eft toujours un mouvement plus ou moins fort qui la développe. Il réfulte donc que fur les furfaces des corps qui ont les pores droits, il faut moins de mouvement pour nous préfenter de la lumière ; c'eft pourquoi cette lumière étant moins agitée, caufe moins d'écarts, & il n'y a point de chaleur. En effet, lorfque certains corps, tels que le bois, les poiffons, & même d'autres animaux, tombent en putréfaction, cette lumière que tu apperçois fur ces corps, eft développée par l'agitation de leurs parties ; mais cette agitation eft très-foible. Il n'y a donc point de brûlure. Il en eft de même du ver luifant ; la lumière de cet infecte difparoît auffi-tôt qu'il eft privé de la vie. Tu vois donc encore que cette lumière dépend de l'agitation des parties qui le conftituent. Mais cette agitation n'eft pas confidérable. D'ailleurs il faut obferver que dans des corps chargés de parties aqueufes, la percuffion de la lumière y eft très-affoiblie, c'eft-à-dire, les effets du feu prefque infenfibles.

Tu vois donc, mon cher Nadir, que dans notre planète on cherche à connoître les premiers principes de chaque chofe. Si, par exemple, un Savant de notre Luminacie, pour expliquer le phénomène des phofphores, fe fût contenté de nous dire, *les phofphores font des acides phlogiftiqués qui brûlent avec plus ou moins de vîteffe*, nous lui aurions répondu : Monfieur le Savant vous ne nous apprenez rien. En effet, que *les acides phlogistiqués soient des phosphores*, ou que *les phosphores soient des acides phlogistiqués*, nous n'en avons pas plus d'idées sur le jeu de la lumière dans cette opération. Expliquez-nous donc par des loix physiques & intelligibles, ce que c'est que le phlogistique, quelle est sa formation, quelle est son action dans tous les corps, ou bien convenez que vos connoissances sont encore bien stériles. Mais, mon cher Nadir, on connoît parfaitement dans notre planète quel est ce principe nommé phlogistique par tes Savans; je te l'expliquerai bientôt, & d'après cette explication, tu sentiras encore mieux la vérité des définitions que je te donne. Mais avant d'aller plus avant, ne te reste-t-il plus d'objections à me faire? Es-tu bien convaincu que le soleil n'est qu'un corps de lumière, & non un corps de feu?

Permettez, répliqua Nadir, que je vous communique encore une réflexion. La voici. Pourquoi en rassemblant les rayons de lumière de la lune par nos plus fameux miroirs, n'éprouve-t-on à leur foyer aucune sensation de chaleur. Cependant le mouvement de rotation de la terre pendant la nuit, n'est-il pas le même que celui du jour? L'agitation de l'atmosphère n'est-elle pas également sensible, & ne devroit-elle pas, selon vos principes, exciter de la chaleur?

Fort bien, Nadir, mais avant de t'expliquer les raisons de ce phénomène, observe qu'il ne démontre en aucune sorte que le soleil soit un corps brûlant. Au contraire, puisque les éclipses te démontrent que la lune n'emprunte sa lumière que du soleil, pourquoi, si le soleil étoit un corps brûlant, ne recevrois-tu pas également sa chaleur par la réflexion de ses rayons? Je vais en peu de mots te faire concevoir ces effets.

Tu sais que les rayons reçus directement du soleil, sont pour ainsi dire parallèles en comparaison de l'extrême divergence de ceux de la lune; voilà pourquoi cette lumière de la lune est si foible, & quoiqu'elle te paroisse fort vive au foyer de tes miroirs, tu n'as presque point de rayons en comparaison de la quantité qui te vient directement du soleil, par conséquent moins de compression & bien moins d'agitation. En second lieu, la foible chaleur que tu pourrois sentir au foyer de ces miroirs, se trouve entièrement détruite par les condensations aqueuses, dont les plus belles nuits ne sont jamais exemptes, ce qui arrête l'effet de la percussion de la lumière, & par conséquent anéantit, ce qu'on appelle la chaleur. Enfin Nadir, ne doute pas que l'effet violent des miroirs provient uniquement de la quantité de rayons de lumière rassemblés, dont l'agitation est alors considérable, & que cet effet ne provient d'aucune chaleur effective du soleil. Hé, ne vois-tu pas que les rayons d'une ardente fournaise qui à six ou sept pieds de distance, t'échauffent bien davantage que ceux du soleil, étant cependant rassemblés par les mêmes miroirs, produisent bien moins d'effets que les rayons du soleil?

D'après ce que je viens de te dire concernant les rayons lunaires qui ne donnent aucune chaleur, tu dois sentir à présent pourquoi l'eau éteint le feu. En effet, le feu étant la percussion de la lumière agitée, les progrès de cette percussion doivent donc être plus aisément arrêtés par un corps aussi dense, & en même-tems aussi souple que l'eau, qui présente sans cesse une quantité considérable de surfaces au. efforts de la percussion. Tu connois l'effet du boulet de canon, qui perd sa force dans une balle de laine, tandis qu'il auroit brisé la muraille la plus épaisse; voilà, mon Ami, toute la solution de ce problème, voilà pourquoi l'eau éteint le feu. Ne crois pas que le feu & l'eau soient deux élémens ennemis : au contraire ces deux élémens ont une tendance à s'unir avec la plus grande rapidité. Alors l'air contenu dans l'eau se dilate, & c'est le bruit occasionné par cette réunion rapide, qui avoit fait imaginer que le feu & l'eau étoient deux élémens contraires, tandis que les parties de feu sont tellement unies aux parties d'eau, que si cette union n'existoit pas, l'eau ne s'éleveroit jamais en vapeurs, il n'y auroit aucuns animaux, aucunes plantes sur la terre, ou du moins aucuns de ces êtres n'auroient jamais subi de métamorphoses.

N'oublie jamais, mon cher Nadir, les principes que je viens de te développer. Tu les trouveras entiérement démontrés dans la suite de nos conversations. Tu verras que la Nature agit avec la plus grande simplicité dans toutes ses opérations; qu'elle n'a donc jamais créé plusieurs sortes de feux ni plusieurs espèces de chaleurs, & que bien loin d'avoir multiplié à cet égard les substances, le feu & la chaleur ne sont eux-mêmes que les effets plus ou moins forts de la lumière agitée. A demain, mon Ami, je me rendrai ici dès le matin. Pourquoi, répondit Nadir, pourquoi cet empressement de me quitter? Demeurez, soyez le Maître chez moi, vous vivrez avec agrément, avec liberté. La société de quatre femmes agréables vous feroit-elle peur? Non, les vrais Philosophes aiment les beaux ouvrages de la Nature. Au reste je parle peut-être comme un homme amoureux, mais si vous connoissiez Mirza, Mirza, l'Amie de mon cœur, qui le sera toute sa vie. Nadir fit part à Ormasis de sa façon de vivre, de son attachement pour Mirza, de son bonheur. Le Philosophe parut s'attendrir. Vous avez donc connu l'Amour, lui demanda vivement Nadir? — Si je l'ai connu. Ah! mon Ami, est-il un être pensant qui ne l'ait pas connu ? Mais un souvenir cruel porte quelquefois dans mon cœur une mélancolie.... Effaçons ce tableau.... Adieu Nadir, je te promets de rester demain avec toi. Peut-être y demeurerai-je quelques jours, & si ma compagnie peut augmenter ton bonheur, j'oublierai une partie de mes chagrins. Je ne peux t'en dire davantage. A demain.

Le Philosophe sortit. Il étoit tard. Nadir plus intrigué que jamais descendit au salon de compagnie. Il y étoit attendu. Quelques agréables de Chrysopolis devoient être les convives du souper. On se mit à table.

Nadir réfléchissoit encore aux raisonnemens judicieux de son Ami : il étoit rêveur. On lui en fit la guerre. Mirza brûloit d'impatience de le questionner; mais ce n'étoit pas le moment. Il étoit au souper sans y être. Il écoutoit à peine ces phrases papillotées, dans lesquelles on enveloppe souvent fort peu d'esprit. Il applaudissoit foiblement à ces petites saillies allégoriques, à ces minces épigrammes, dont les Auteurs accouchants avec peine, croyent que l'on doit admirer chez eux l'esprit après lequel ils ont couru. Il souriot avec distraction à ces chansonnettes, délassemens des grands génies, & qui deviennent l'occupation & l'importance de tant d'autres petits êtres. Nadir avoit, pour ainsi dire, de l'humeur; il auroit désiré qu'Ormasis eût demeuré avec lui. O j'en aurai demain le plaisir, se disoit-il en lui-même, je veux voir quelle peut être la contenance de mon Philosophe au milieu de pareils amusemens. Il invite sur le champ les mêmes convives pour le souper du lendemain, & leur annonce un Étranger d'un Pays très-éloigné, auquel il désire procurer de l'agrément. On lui promet.

Enfin la Compagnie étant retirée, & les autres femmes de Nadir dans leurs appartemens, il se trouve seul avec Mirza. Je peux donc à présent te questionner, lui dit-elle : hé bien, notre Philosophe?.... Tu ne saurois croire combien je m'y intéresse; il viendra donc demain, il te l'a donc promis? Tu as resté bien long-tems avec lui? Je le lui pardonne : je te le pardonne, mais à une condition...... Je veux être ton Écolière. Instruis-moi à mon tour : oui, instruis moi. Pourquoi a-t-on la manie de ne jamais proposer aux femmes la connoissance des Sciences abstraites?

Messieurs

Messieurs les Savans, je crois que vous vous méfiez un peu des femmes, parce qu'elles ne se payent pas toujours de mots. Mais, Nadir, j'ai trop bonne opinion de toi pour croire que.... Allons, mon Maître, commencez vos leçons, je vous écoute.

Nadir enchanté de la demande de Mirza, & flatté de pouvoir encore s'occuper avec elle dans un genre aussi agréable, lui exposa les premiers principes du Philosophe, avec la même clarté qu'il les avoit reçus. Il s'apperçut avec délices combien Mirza prêtoit d'attention, & avec quelle intelligence elle adoptoit toutes ces idées; mais son enjouement lui faisoit de tems en tems interrompre Nadir pour faire des questions assez plaisantes. Enfin, très-persuadée que le feu n'est autre chose que l'effet de l'agitation de la lumière, ; ne trouve pas étonnant, dit-elle, que la planète de notre Philosophe, que tu nomme Mercure, & qui est proche du soleil, ne soit pas plus échauffée que notre terre, car cette planète étant plus petite que la nôtre, si les rayons de lumière y sont plus abondans, ils sont proportionnellement moins agités. En effet, si je fais tourner une grosse & une petite boule avec un mouvement égal, je crois que la surface de la grosse boule parcourera plus d'espace que

E

l'autre dans un même tems. La petite boule éprouvera donc moins de mouvement. Ainsi puisqu'il doit y avoir moins de mouvement sur la surface de Mercure, que sur la surface de notre terre, il n'est donc pas étonnant que les habitans de Mercure ne soient pas plus incommodés que nous de la chaleur, quoiqu'ils soient plus proches du soleil. Dis-moi donc, trouve-tu que je m'explique? Je m'entends, mais, toi, me comprends-tu? — A merveilles, ma chère Mirza, à merveilles. Je t'admire. Tu viens de résoudre un problême fameux, que nos plus habiles Physiciens n'ont point encore expliqué. — Ah! Monsieur mon Maître, vous vous moquez donc? — Non, je te le jure. — O je ne suis point votre dupe, & je veux vous punir. Bon soir. Je vais raisonner toute seule. — Un moment, Mirza, je vais te rejoindre dans ton appartement, je veux te prouver ma bonne foi. Aussi-tôt Nadir court chercher un gros *in-folio* d'Elémens Physico-Trigono-Géométriques, il revient trouver Mirza. Il ouvre le livre à la page 1590, & lui montre un article conçu en ces termes:

COROLLAIRE.

Plus il y a de degrés de longitude à la ligne rectiligne, qui part d'un centre à une circonférence circonfcrite, & *plus cette circonférence a de vélocité dans fon mouvement de rotation, & cette vélocité s'augmente en raifon du quarré des diftances.*

Hé bien, dit-il, examine, relis encore. C'eft fur ce corollaire qu'eft fondé le raifonnement judicieux que tu viens de faire. Quelle plaifanterie, répondit Mirza ; quoi ! je ne comprends rien à ce grimoire, & tu prétendrois que j'ai raifonné d'après lui ? Explique-moi donc ces grands mots ? D'abord qu'eft-ce qu'un corollaire ? — Un corollaire, c'eft une conféquence fenfible d'une vérité démontrée. — Fort bien, Nadir, par exemple, il eft démontré que tu es aimable. Je t'aime. Voilà donc un corollaire. A préfent explique-moi. Qu'eft-ce que la ligne rectiligne qui part d'un centre à une circonférence circonfcrite ? O voilà bien d'autres queftions dans ce livre. Quel eft donc ce problême : *» trouver une » tangente qui touche en même-tems deux cercles » de différent diamètre, l'un en deffus, l'autre en » deffous «.* En vérité, cela eft plaifant. Où trouveras-tu une pareille tangente ? Nadir fe mit pourtant en devoir de tout expliquer. Le livre étoit confidérable. Il y avoit beaucoup de figures à obferver. Enfin Nadir & Mirza pafsèrent la nuit à differter fur différens points de Géométrie.

CHAPITRE VII.

Déja l'aurore annonçoit à Nadir le retour du Philosophe, & Mirza avoit formé le projet de se cacher dans la Bibliothèque, résolue de bien écouter les instructions du Savant, afin de surprendre ensuite Nadir lorsqu'il viendroit lui répéter les mêmes leçons. Une circonstance favorisa entiérement ce projet. Nadir fit observer à Mirza qu'il avoit des reproches à se faire d'avoir un peu négligé depuis deux jours ses bonnes Amies. Je veux, dit-il, faire ma paix avec elles. Je crois m'être apperçu qu'elles ont de l'humeur. Le Philosophe n'est point encore arrivé. Je vais me rendre chez elles. Viens-tu avec moi? Non, répondit Mirza, j'aurois sûrement part à la querelle, & toi seul mérite d'être grondé. Nadir se rendit donc aux appartemens de ses femmes, mais elles étoient déja dans les jardins. Elles y respiroient le parfum des fleurs. Elles s'y entretenoient, avec une sorte d'inquiétude, de la froideur dont leur Ami leur paroissoit coupable, lorsqu'elles l'apperçurent venir à leur rencontre. Leur plaisir fut sincère, mais elles résolurent de lui faire des reproches. En effet, aussi-tôt qu'elles le virent à portée d'entendre ce qu'elles difoient, Sophie demanda, eſt-ce un rayon du foleil que je vois fe mouvoir fur cette terraffe ? Non, répondit Laure, c'eſt quelque chofe de bien plus rare. C'eſt vrai, dit Fatmé, j'ai donc bien fait hier d'acheter ce verre à facettes, que l'on nomme multipliant, au moins fi nous ne jouiffons que quelques inſtans, nous jouirons beaucoup. Auffi-tôt elle regarde Nadir au travers de cette lorgnette, & la paffe à fes Amies qui en font autant. O! leur dit Nadir, je mérite bien d'être grondé, mais vos querelles font fi agréables, que vous me rendriez heureux d'avoir des torts. Il faut vous avouer qu'un Étranger, un Philofophe, m'occupe en fecret par des inſtructions amufantes. Mais je crois que dès aujourd'hui il va demeurer avec nous, ainfi notre fociété ne peut devenir que plus intéreffante, oui, plus intéreffante. L'inepte préjugé n'a que trop confondu la Mifantropie avec la Philofophie. La vraie fcience enrichit les plaifirs. A propos de plaifirs, hier j'étois un peu rêveur au fouper, mais je m'apperçus que Selim & Ofman avoient beaucoup de plaifir à voir Laure & Sophie. Ma chère Laure, mon aimable Sophie, j'eſtime Selim & Ofman. Ils ont le cœur excellent. Si par hafard fe mettant au-deffus des préjugés du Pays, c'eſt-à-dire, promettant de vous laisser maitresses de votre liberté, ils vous sacrifioient la leur ; si cette proposition vous donnoit, pour eux, quelque intérêt, refuseriez-vous leur main ? Ah ! croyez que je ferois mon bonheur du vôtre.... Mais à une condition, celle de nous voir tous les jours les uns chez les autres. Quant à ma chère Fatmé, s'il étoit possible que.... Ces réflexions de Nadir firent un peu rougir Laure & Sophie. Selim & Osman étoient en effet des hommes aimables, & dont l'amour en preuves ne pouvoit point offenser l'amitié de Nadir ; cependant on se défendit, on se fâcha, on querella, mais Nadir sut à quoi s'en tenir, & résolut d'augmenter le bonheur de ses Amies. Vous voyez, leur dit-il en riant, que je m'occupe de vous plus que vous ne pensez. Adieu, mon Philosophe m'attend. Je vous laisse. Nadir se rendit à sa Bibliothèque, à l'instant même où Ormasis venoit d'arriver.

 La jeune Mirza n'avoit point perdu de tems. Assise sur une tablette, elle remplaçoit alors dignement huit *in-folios* de Remarques critiques sur l'Antiquité : elle avoit tiré sur elle une de ces coulisses, qui tiennent lieu de battans d'armoire, ménageant cependant une ouverture, de façon à tout voir sans être apperçue. Nadir & Ormasis vinrent s'asseoir précisément vis-à-vis d'elle. A peine eut-elle vu le Philosophe, qu'elle se sentit pour lui le plus vif intérêt. Voilà donc, se dit-elle, cet homme merveilleux. Il est d'un certain âge, mais sa figure est affable. Je ne l'aime pas comme j'aime Nadir. Non, ce ne sont sûrement pas les mêmes sentimens qui m'affectent, mais, je ne sais, j'éprouve une douce sympathie que je ne peux définir. Mirza ne fit trêve à ses réflexions, que pour écouter avec plus d'attention.

Nadir parla le premier. C'est donc aujourd'hui, mon respectable Ami, que vous demeurez avec moi. Oui, mon cher Nadir, mais à condition que tu ne t'opposeras point à mes voyages nocturnes. J'ai vu cette nuit un nouveau développement dans les masses de terre, qui m'a présenté des curiosités intéressantes. Oui, mon Ami, c'est sur les lieux mêmes, c'est dans les entrailles de la terre qu'un Amateur a le plaisir de surprendre la Nature, & non dans ces Cabinets Minéralogiques, dont les principales Pièces ne sont souvent que les produits d'une adroite imposture. Si tu es vraiment curieux de t'instruire sur cette partie intéressante, & de m'aider dans mes recherches, il ne tient qu'à toi; cependant...... Non, point de réflexions, interrompit Nadir, vous me ravissez. Dès ce soir, je veux voyager avec vous dans les entrailles de la terre.

Un spectacle si nouveau, si beau, aura pour moi mille charmes. Voulez-vous à préfent, mon cher Ormafis, me continuer vos inftructions?

Volontiers Nadir. Je t'ai donc fait obferver que s'il n'y avoit pas une véritable union de l'eau avec le feu, l'eau ne s'éleveroit jamais en vapeurs. Réfléchis préfentement que les vapeurs en mouvement atténuent confidérablement des portions de matière terreufe qu'elles rencontrent. Il fe forme donc une liaifon plus intime de l'eau avec les portions de terre atténuée. Telle eft l'origine de la formation des fels & des huiles. Tu imiteras dans un laboratoire cette opération de la nature, avec autant de facilité, que tes Savans ont imité celle de la formation du foufre. Tu découvriras même des effets très-finguliers, provenans de la fimple circulation des vapeurs fur différentes terres, mais il eft de la plus grande importance d'obferver les degrés de chaleur ou percuffion de lumière. Tu fais que le degré de feu qui fait cuire un œuf, n'eft pas celui qui fait éclore un poulet. Le principe de ce phénomène te paroîtra encore plus fenfible, lorfque je t'aurai expliqué ce qu'eft le phlogiftique, fa formation, fa confervation dans les corps, fa diminution & fa reproduction.

J'avois long-tems hésité de croire, répondit Nadir, que le feu & l'eau avoient une affinité, c'est-à-dire, une tendance à s'unir l'un avec l'autre, mais je n'en doute plus. Je sens bien que lorsqu'on jette de l'eau sur le feu, c'est la percussion de la lumière qui divise l'air contenu dans l'eau, que cette percussion augmente par conséquent le volume de l'air, & que c'est donc cet air dilaté qui vient frapper l'organe de l'ouïe. Mon cher Ormasis, cela est bien simple. Et je crois trouver dans plusieurs expériences la vérité de ce principe. Par exemple, si je jette un acide sur un alkali, j'occasionne sur le champ une effervescence, mais qu'est-ce que cette effervescence, ce gonflement ? Ce n'est autre chose que l'effet de l'air subitement dilaté par le frottement rapide qu'occasionne la réunion de ces deux corps, & la lumière s'y trouve également agitée. Actuellement Ormasis faites-moi le plaisir de m'expliquer quel est le principe des affinités ?

D'accord, mon cher Nadir, je suivrai avec plaisir dans mes instructions la marche que te prescrira ta curiosité. C'est le moyen de t'y intéresser davantage. Des Savans éclairés t'auront déja donné des notions sur ce principe des affinités. Je vais te l'expliquer avec la plus grande clarté.

Tu es bien convaincu par des expériences certaines, que tous les corps tendent au centre de la terre, & que la force de la preffion de l'atmofphère eft plus confidérable que les forces centrifuges provenantes du mouvement de rotation de la terre, qui fans cette preffion jetteroient à des diftances immenfes tous les humains & toutes les maffes non adhérentes. Tu es encore bien affuré que tous les corps fluides ou folides de la nature ont des pores, & que ces pores font diverfement configurés. Qu'arrive-t-il donc lorfque l'on jette, par exemple, un fel fur un autre fel, dont les pores font d'une configuration relative aux parties conftituantes du premier, il fe fait néceffairement une chûte dans les pores de ce fel, d'où réfulte la divifion de l'air, fon augmentation de volume; & cette agitation que l'on a nommée effervefcence, eft plus ou moins vive, en raifon de l'ouverture & de la forme des pores.

Fort bien, fort bien, difoit en elle-même Mirza, qui fuivoit avec intelligence cette converfation abftraite. On a eu raifon de dire que tout s'unit & fe défunit.

Tu vois donc, continua Ormafis, que ce qu'on appelle affinité, eft la tendance d'un corps à pénétrer dans un autre corps, & que la variété de cette tendance dépend de la variété des formes & pesanteurs. Entends-tu bien, mon cher Nadir, formes & pesanteurs. Le mouvement change les formes des corps : les formes des corps occasionnent le changement des pesanteurs. De-là naît la modification de tous les êtres.

Oui, se disoit encore Mirza, le Philosophe a raison. *Le mouvement change les formes des corps*. En effet, c'est en vivant, en agissant que je deviendrai vieille, que je deviendrai laide. Nadir cessera peut-être de m'aimer ; ah, si je le croyois, je ne remuerois plus. *Les formes des corps occasionnent le changement des pesanteurs*. Je le crois bien quand je serai vieille je deviendrai plus pesante. *De-là naît la modification de tous les êtres*. Oui, je ne le sais que trop. Je cesserai d'exister. Mais.... que deviendrai-je ? Quoi!.... ne plus revoir Nadir.... jamais.... plus d'espoir.... O toi, délices de ma vie, Nadir, être charmant, que je contemple à présent avec tant de plaisir ; il faudra donc nous séparer pour toujours. Plongés l'un & l'autre dans le cahos d'une nuit éternelle........ O divinité ! intelligence suprême, peut-on te supposer une inconséquence aussi absurde. N'aurois-tu créé des êtres pensans que pour les anéantir ? Architecte infaillible tes ouvrages peuvent-ils se détériorer ? Non, rougissez savans de Chrysopolis qui faites tant d'efforts pour nous abaisser à l'état des plus vils animaux, & laissez-moi le doux espoir de vivre éternellement avec Nadir. Vous, Ormasis, vous Philosophe de bonne foi, j'ai le plus grand desir de vous questionner ; mais écoutons.

Souffrez, disoit Nadir au Philosophe, souffrez que je n'admette pas l'opinion de la chute des parties d'un corps dans un autre corps sans vous prier de me résoudre les difficultés que j'y trouve. Je connois la pression sensible de l'atmosphère sur tous les corps de notre globe ; mais lorsque ces corps sont divisés en des parties aussi fines que le doivent être vos parties constituantes, elles doivent être de pesanteur spécifique avec de pareilles masses d'air, c'est-à-dire, qu'elles doivent être aussi légères que l'air. Alors la tendance de ces mêmes parties vers le centre de la terre n'agit donc plus : alors je ne comprends point qu'il y ait une chute des parties constituantes d'un corps dans celles d'un autre corps.

Je vais, répondit Ormasis, te faire comprendre cette vérité. Lorsque les parties d'un corps sont assez divisées pour former pesanteur spécifique avec l'air, crois-tu que leur plus ou moins grande légereté, en raison des autres corps qu'elles rencontrent, ne produit pas exactement dans l'air le même effet que je viens de t'expliquer ? Sois sûr que cet effet est le même. Il y a toujours une chute d'un corps sur l'autre en raison de la pesanteur relative de ces deux corps. Qu'importe, que ces corps soient plus élevés, & quand même ils seroient aussi élevés que l'air le plus élevé, ils agiroient toujours l'un sur l'autre. Mais, me diras-tu, il n'y a plus alors de tendance vers le centre de la terre, & c'est donc l'ascension des corps qui est également le principe des affinités. Non, mon ami, il faut toujours partir du principe de la chute des corps qui est le principe dominant, & réfléchis bien que si un corps plus pesant qu'un autre l'oblige de s'élever, il ne s'ensuit pas que ce dernier ne conserve plus de tendance au centre de la terre. En attendant que je t'explique cette cause première de la gravité des corps, c'est-à-dire, de leur tendance au centre de la terre, sois bien assuré que si par la division d'un corps il se trouve des parties qui s'élèvent en l'air, cet effet provient toujours du principe dominant qui est la pression de l'atmosphère, & ces mêmes parties ne s'élèvent en l'air qu'en raison de ce qu'il y a d'autres parties qui ont une plus grande tendance qu'elles au centre de la terre en raison de leur masse & de leur forme.

Ah! s'écria Nadir, vous me faites faire des

réflexions qui m'intéreffent beaucoup. Lorfque je croyois que le foleil étoit un corps brûlant, il m'étoit impoffible de fentir toutes ces vérités; il m'étoit impoffible, par exemple de concevoir d'où provenoient les variétés de la preffion de l'atmofphère, préfentement je ne fuis plus embarraffé. Je conçois pourquoi toutes les vapeurs quelconques fe condenfent lorfqu'elles font élevées à une certaine hauteur. Je conçois auffi que l'air doit être agité par la chûte de ces corps condenfés, & que c'eft cette agitation qui occafionne les tempêtes, le tonnerre, les météores. Je conçois aifément que des corps qui ont été les plus divifés, peuvent en fe condenfant former de nouvelles maffes & de différente nature. Enfin le foleil n'étant point un corps de feu, je conçois qu'il ne fe peut échapper de notre atmofphère aucun atôme de matière terreufe ou aqueufe. A préfent je vois clairement toute l'inconféquence du fyftème des atterriffemens; je fens toute la petiteffe de ces raifonnemens, par lefquels on fuppofoit que notre globe feroit un jour vitrifié. Je conçois à merveilles qu'un incendie, fur une portion de notre globe, occafionne fur le champ une chûte d'eaux, parce que les maffes d'eau qui fe raréfient, occafionnent la condenfation de pareilles maffes d'eau plus élevées dans l'atmosphère, & par conséquent leur chûte sur la terre, tantôt à des distances voisines, tantôt à des distances très-éloignées, relativement aux courans d'air. D'après ces loix immuables des pesanteurs spécifiques, il est donc constant que l'embrasement général du globe est physiquement impossible.

Présentement plus je réfléchis à ces condensations continuelles, plus je vois que la division des corps qu'opère la nature, quoique considérable, n'est pas infinie, comme elle le pourroit être, de sorte que les subdivisions extraordinaires imaginées par plusieurs de nos Savans, d'après lesquelles quelques-uns ont fait résulter des substances intelligentes, ne seroient donc que de puériles rêveries. Cependant Ormasis, daignez éclairer mon jugement, ne seroit-il pas naturel de croire que notre faculté intelligente est une propriété de la matière?

Se peut-il, répondit Ormasis, se peut-il que Nadir, qui vient de former une suite de raisonnemens fort justes, les termine par une question aussi absurde?

Il sembloit que les idées de Nadir étoient toujours de concert avec les desirs de Mirza. Il avoit fait cette question au Philosophe, & c'étoit précisément sur cette question, que la tendre Mirza souhaitoit ardemment de s'inſtruire : charmée du début de la réponſe, à peine reſpiroit-elle, afin d'écouter avec plus d'attention.

Je te demande, continua Ormaſis, ſi l'intelligence étoit une propriété de la matière, pourquoi les pierres, les arbres, n'auroient-ils pas cette faculté intelligente ? Mais, me diras-tu, c'eſt que cette matière minérale & végétale n'a point les formes de la matière animale. Hé ! mon Ami, qu'importent les formes. Si l'intelligence eſt vraiment, comme tu le dis, une propriété de la matière, toute matière doit donc avoir cette propriété ; qu'importe, que ſes parties ſoient des triangles-rectangles ou obtus, des ſphères ou des demi-ſphères. Ainſi, mon Ami, les arbres, les cailloux, auroient, d'après tes principes, la faculté intelligente. Ou au moins conviens qu'un bon Lapidaire, en donnant aux pierres des figures infinies, rencontreroit dans quelques-unes des formes variées celle de la faculté intelligente.

Je ſens à merveilles, répondit Nadir, le ridicule que vous jettez ſur ces principes. Cependant conſidérez, je vous prie, que dans le règne animal il y a bien plus de mouvement que dans le végétal ou le minéral, & que la matière étant bien diviſée, c'eſt donc cette matière dans cet état qui a la propriété de penſer.

Je

Je vais, reprit Ormasis, je vais te faire sentir la petitesse de ces observations. La matière bien divisée, selon tes idées, sera-t-elle de la nature d'un alkool subtil, d'une quintessence ardente, qui circule autour de la glande pinéale, ou qui voltige sur le fluide de ton cerveau. En ce cas, ton système est contre toutes les loix physiques. En effet, si des vapeurs assez grossières s'élèvent si fort au-dessus de ton globe, en raison des pesanteurs spécifiques dont tu connois l'ordre immuable; comment conçois-tu que l'ame étant supposée une matière très-divisée, & nécessairement dégagée d'une matière pesante, puisqu'elle agit avec tant de vîtesse, comment conçois-tu, dis-je, qu'une pareille matière reste enfermée dans des vases aussi poreux que le corps humain. Tu me diras, peut-être, qu'il se fait une déperdition continuelle d'esprits animaux qui l'emporte, mais que les hommes réparent continuellement cette perte, par la transmutation des alimens qu'ils prennent. Fort bien. Voilà donc l'atmosphère rempli de petites portions de matière, qui probablement perdent au grand air leur faculté intelligente, car s'ils ne la perdoient pas, il résulteroit que la transpiration des hommes créeroit tous les jours des millions de sylphes. Mais, mon Ami, il est cependant de toute

F

nécessité qu'il y ait dans chaque homme une de ces petites portions de matière qui soit plus fixe que les autres, & qui les commande. En effet, sans cela, comment m'expliquerois-tu, par exemple, l'acte de volonté, par lequel tu te rappelle à ton gré telles ou telles idées ? Comment me définiras-tu cet acte de volonté ? Ce seroit donc une portion de matière subtile qui commanderoit aux autres portions de matière subtile, & qui les arrangeroit méthodiquement dans ton cerveau. Vois, je te prie, combien de subtilités matérielles il faut admettre, pour nier l'existence d'une substance plus parfaite que la matière.

Un de tes fameux Matérialistes a senti qu'il étoit inconséquent pour son systême d'admettre une Divinité. Il a donc pris le parti de nier l'existence de cette Divinité. L'ordre de la nature n'est dû, suivant lui, qu'au hasard, & n'annonce point l'existence d'une faculté intelligente. Quant à lui il a des pensées, parce que, dit-il, c'est une propriété de la matière de penser. Regarde ce grand raisonneur, il a cinq pieds deux ou trois pouces. Le mouvement circulaire d'un peu de fluide qui parcourt son petit corps, produit donc chez lui une faculté intelligente, & le mouvement des fluides immenses de toute la nature, n'annonceroit pas l'existence d'une faculté intelligente de plus de conséquence que la sienne. Il est donc constant, d'après ses propres principes, qu'il existe au moins un Dieu matériel. Mais l'ordre continuel des mouvemens de la nature, n'annonce-t-il pas que cette faculté intelligente est maitresse de la matiere ? Par conséquent cette faculté est donc une substance plus parfaite que la matière. Il est donc physiquement impossible qu'elle soit un composé de terre, d'air & d'eau, parce qu'une partie du tout ne peut pas être supérieure au tout.

Présentement, Nadir, sois persuadé que la Divinité a pu créer une infinité de substances plus parfaites que la matière, & qui ont cependant des rapports avec elle. Plus ces rapports sont considérables, moins les facultés intelligentes sont distinctes. Tel est l'état des animaux, tel est aussi l'état distinctif du génie de certains hommes. Enfin, mon cher Nadir, c'est parce que ces rapports existent encore chez toi, qu'il t'est impossible de concevoir la nature de cette substance pensante, mais il t'est encore bien plus impossible de concevoir qu'une pensée soit formée de terre, d'air & d'eau. Depuis le tems que les Savans ont décomposé les corps de la nature, disséqué la lumière, & fait d'assez vastes combinaisons, se font-ils apperçus que plus ou moins de terre, plus ou moins d'eau, plus ou moins d'air ou de lumière dans leurs composés, ayent jamais produit quelques dégrés d'intelligence ?

Enfin, Nadir, pour achever de te convaincre que la pensée n'est point un effet de l'action ou de la raréfaction de la matière, fais l'observation suivante. Un homme s'agitera, fera quelques exercices violens : tu as dû éprouver que dans ces instans il est incapable de former des idées sublimes. Quand au contraire, cet homme marche avec lenteur, ou, lorsque renfermé dans son cabinet, il y médite avec tranquillité, il sent que ses idées sont plus élevées, & qu'il y a enfin plus de clarté dans les fonctions de son ame. L'ame n'est donc point l'effet de la raréfaction de la matière, autrement ce seroit dans l'instant même de l'agitation où elle devroit être bien plus exaltée. Or, puisqu'il est évident que l'homme qui veut méditer cherche la tranquillité, & que cet instant de tranquillité est celui de la plus grande élévation de ses idées, juge combien l'ame entiérement dégagée des sens doit acquérir de connoissances, & peut-être de plaisirs, qu'il lui avoit été impossible de concevoir.

Voici, Nadir, des raisonnemens à portée de notre ame, dans l'état où elle est. Ce ne sont que des réflexions physiques fondées fur le bon fens; mais ne trouve-tu pas que ces réflexions physiques, adoptées universellement dans notre planète, valent bien les arrêts métaphysiques contredits dans la tienne. Oui, répartit Nadir, je me rends, & je me rends avec conviction. Et moi aussi, s'écria tout-à-coup Mirza, en tirant la coulisse qui la déroboit à leurs regards: non, Ormasis, non, tu n'es point un mortel; tu es un ange tutélaire qui viens augmenter mon bonheur & le prix de mon existence. Reçois le gage de l'amitié la plus sincère. Déja Mirza accourue vers le Philosophe, l'avoit embrassé avec l'expression honnête de la plus vive reconnoissance, & se précipitant tout-à-coup dans les bras de Nadir: mon Ami, mon Amant, mon tout, sens-tu comme moi le plaisir de vivre sans cesse. Le moment de notre séparation sera donc celui qui nous réunira avec plus de sensibilité. Vas, si tu me quitte le premier, je ne tarderai pas à te suivre. L'ame de Mirza unie à la tienne..... Je conçois que cette jouïssance doit être divine. Eh, dans les instans de la volupté la plus pure, n'avons-nous pas quelquefois desiré de pouvoir nous confondre? Nos ames ne s'efforçoient-elles pas de se réunir? Il existe donc pour elles un plaisir encore plus délicieux.... Ah! mon Ami, dès ce jour même je jouïs d'un bonheur fans nuages. Affurée de revivre avec toi , je ne crains plus rien.

Que l'on juge de la furprife du Philofophe & de celle de Nadir. Mais , quelle vivacité ! quelle expreffion! quels fentimens!..... Eh ! quelle réponfe auroit pu faire Nadir ? Il la couvroit de baifers.

Le Philofophe attendri jufqu'aux larmes, ne fut pas le premier à interrompre une fcène auffi touchante. Mon cher Ormafis, lui dit enfin Nadir, vous la voyez....... Jugez fi je dois l'aimer. Soyez notre Ami , notre Père, oui, notre Père ; celui qui nous inftruit , nous donne vraiment une nouvelle exiftence. Vous m'avez fait fentir la nobleffe de mon être. Jouiffez vous-même d'un des plus grands plaifirs de l'ame , celui de faire des heureux. A propos, ma chère Mirza, tu te fouviens de cet honnête Villageois, qui, chargé d'enfans, & ruiné par des accidens imprévus, ne peut obtenir des délais de l'Emir avare qui le pourfuit. C'eft aujourd'hui que ce pauvre homme doit nous rendre réponfe , il ne veut accepter nos offres qu'à la dernière extrémité. Peut-être attend-il..... Peut-être nos Efclaves fouvent peu empreffés...... J'y cours, répondit vivement Mirza, & c'eft courir de plaifirs en plaifirs. En effet, Nadir chargeoit de tems en tems Mirza de pareilles commissions, & il ne pouvoit lui en donner de plus agréables. Elle goûtoit alors ce bonheur d'obliger, ce sentiment délicieux qu'on ne peut définir.

A peine fut-elle partie: je vois, dit Ormasis à Nadir, je vois avec enchantement combien la vertu a d'empire sur vos cœurs. Hé bien, mon Ami, comment tes Docteurs Matérialistes ont-ils prétendu expliquer cette joie de l'ame bienfaisante. C'est, disent-ils, par le rayon visuel qu'on a la sensation de la compassion ; or la sensation de la compassion résulte d'une connoissance matérielle, & cette sensation nous affecte matériellement par analogie, en nous présentant le tableau matériel du bien-être & du mal-être, qui s'est peint dans notre cerveau. Quel galimathias ? D'abord quelle est l'origine de cette connoissance matérielle qui produit la sensation ? Point de réponse. En second lieu, en supposant que le cerveau soit un cabinet de tableaux, comment juger sur ces tableaux ? Mais, disent-ils, on juge par des comparaisons matérielles. D'accord, mais *quelle est la puissance qui juge ?* Point de réponse, & beaucoup d'entêtement. Oublions donc ces hommes qui s'efforcent de s'avilir, & si c'est un bonheur pour eux de croire que leur faculté intelligente doit un jour se convertir en fumée, qu'ils soient heureux. Passons à d'autres objets.

CHAPITRE VIII.

Depuis long-tems tes Savans ont apperçu qu'il existe dans tous les corps de la nature une substance active qui sert à leur formation, à leur accroissement, & qui sert également à leur décomposition. Les uns l'ont nommée *soufre principe*. D'autres l'ont nommée *mercure philosophique*. D'autres l'ont appellée *l'eau qui ne mouille pas*; & enfin aujourd'hui le mot le plus en vogue parmi tes Savans, est celui de *phlogistique*. Adoptons avec eux ce dernier mot *phlogistique*; mais comme ils n'en ont expliqué ni le principe ni les effets, je vais satisfaire à cet égard ta curiosité. Fais attention, Nadir, que nous allons traiter l'objet le plus intéressant pour les connoissances humaines, & que pour te le faire bien sentir, je me répéterai quelquefois.

Je t'ai sensiblement démontré que le feu n'est que l'effet de la percussion de la lumière agitée. Je t'ai expliqué pourquoi l'eau éteint le feu. Tu as dû comprendre aussi pourquoi l'huile s'enflamme, tandis que l'eau ne s'enflamme pas. En effet, la lumière doit être bien plus agitée par le frottement des masses terreuses réunies avec l'eau, que par l'eau seule. Tu as d'autant mieux compris ces vérités, que tu as devant les yeux cette expérience connue, que les corps les plus durs frottés l'un contre l'autre, sont ceux qui produisent plus de chaleur.

D'après ces principes, tu comprendras donc aisément que des molécules de terre, étant fort divisées & arrondies, sont susceptibles d'être très-agitées par le mouvement de rotation du globe & de la pression de l'atmosphère. Elles agitent donc vivement la lumière, & la percussion de cette lumière agitée est plus ou moins forte en raison des quantités de parties aqueuses qui arrêtent les écarts. Tel est donc, mon Ami, le phlogistique ; c'est une quantité de petites portions de matière terreuse très-divisées & arrondies, dont le mouvement multiplié agite la lumière.

Tu sais, Nadir, qu'en frottant rapidement deux morceaux de bois l'un contre l'autre, ils s'enflamment. Hé bien, mon Ami, c'est par les mêmes principes du mouvement que tu vois un morceau de bois enflammé en allumer un autre ; mais cette dernière inflammation est plus prompte, parce qu'en effet il n'y a pas de mouvement plus vif, & par conséquent plus communicatif que celui de la flamme.

Présentement en réfléchissant bien sur cette expérience commune, par laquelle on enflamme deux morceaux de bois en les frottant l'un contre l'autre, juge combien une quantité de petits corps frottés avec rapidité, sont capables de produire de feu lorsqu'il y a peu de parties aqueuses pour affoiblir les effets de la percussion de la lumière.

Il t'est facile à présent de résoudre ce problème : pourquoi les animaux contiennent-ils plus de phlogistique que les végétaux & minéraux ? c'est que les portions de matière terreuse y sont dans un état de division & de mouvement plus considérables. Les végétaux sont moins en mouvement que les animaux ; tu vois aussi qu'ils contiennent moins de phlogistique. Les minéraux sont moins en mouvement que les végétaux, remarque encore qu'ils contiennent moins de phlogistique, & si le phlogistique contenu dans les minéraux & métaux occasionne quelquefois des explosions si terribles, ce n'est point parce qu'il y est plus abondant, mais c'est parce qu'il y a moins de portions aqueuses. Conséquemment la percussion de la lumière n'est point autant affoiblie qu'elle l'est dans les végétaux & animaux ;

tu sens bien qu'alors cette percussion doit être considérable, & que la dilatation de l'air qui en résulte doit être rapide.

Chez les animaux une trop grande quantité de phlogistique occasionne des écarts dans leurs parties constituantes, & leur donne la mort, mais sans causer aucune détonation ou inflammation. Pourquoi ? parce que le principe aqueux étant abondant chez les animaux, arrête la violence de la percussion de la lumière.

Un homme qui a respiré le phlogistique du charbon, se trouve soulagé lorsqu'on l'expose au grand air ; c'est parce qu'il respire alors des portions aqueuses qui arrêtent les effets de ce phlogistique, c'est-à-dire, de la percussion de la lumière, & par conséquent la division de son sang. Tu vois aussi que plus un homme est ce qu'on appelle d'un tempérament humide, & moins ces vapeurs du charbon lui sont nuisibles. Il en est de même de la contagion de plusieurs maladies, dont certaines personnes sont plus susceptibles que d'autres. Enfin, mon Ami, plus tu feras de réflexions, plus tu reconnoîtras la vérité de l'explication que je te donne.

Oui, répondit Nadir ; mais vous me faites encore appercevoir, d'après votre exposé sur les explosions, des vérités très-intéressantes. On m'avoit bien appris que l'air enfermé dans un corps, & ne trouvant point d'issue pour s'échapper, brisoit ce même corps lorsqu'on l'exposoit au feu, & que cet effet provenoit de l'air dilaté par le feu ; mais je ne concevois pas pourquoi le feu dilatoit l'air. Actuellement je sens bien que c'est la percussion de la lumière agitée qui divise l'air, & que cet air divisé & augmenté de volume cause l'écart des parties résistantes. Je conçois encore très-clairement pourquoi, sous le récipient d'une machine pneumatique d'où l'on a retiré une grande quantité d'air, la poudre brûle sans explosion ; c'est parce que l'air, contenu dans la poudre qu'on allume, quoique divisé subitement par la percussion de la lumière, trouve alors un espace libre relativement à l'augmentation de son volume.

Je reviens à la définition du phlogistique. Il est singulier que nos Savans modernes aient prétendu que le phlogistique étoit un feu pur : je vous avoue que je ne concevois rien à cette définition. En premier lieu ils ne m'avoient pas donné la moindre idée sur la formation du feu. En second lieu je trouvois des contradictions dans leurs principes. Par exemple, il m'étoit impossible de deviner comment, en calcinant un métal au feu, je parvenois à lui enlever son phlogistique, parce que le phlogistique n'étant, selon eux, que du feu, je trouvois fort ridicule de dire que le feu chaſſoit le feu. Je concevois encore moins comment un charbon noir exactement enfermé dans le creuſet & expoſé au grand feu, ne perdoit point ſon phlogiſtique, tandis qu'expoſé au moindre feu à l'air libre, il le perd bientôt. Je conçois à préſent que l'air libre ou ambiant entraîne avec lui les dernières parties aqueuſes du charbon, parce qu'elles forment avec lui peſanteur ſpécifique. Je conçois qu'il n'en eſt pas de même dans des vaiſſeaux fermés où l'air eſt plus raréfié, & où les vapeurs ſpécifiquement plus peſantes ne peuvent pas s'élever. Il réſulte donc alors que ces parties aqueuſes qui reſtent dans le charbon affoibliſſent le mouvement des petites boules, c'eſt-à-dire, la percuſſion de la lumière, & par conſéquent point d'inflammation.

Je vois avec plaiſir, mon cher Ormaſis, que la ſolution de ce problême devient générale. En effet elle nous apprend pourquoi l'on éteint les corps enflammés auſſi-tôt qu'on les prive d'air, ce qu'on appelle vulgairement étouffer le feu. Je vois auſſi que le nitre, auquel on ajoute quelque matière phlogiſtiquée, ne brûle dans des vaſes fermés que parce qu'il contient beaucoup d'air, l'exploſion qui en réſulte en eſt une preuve bien frappante. Que l'on faſſe au contraire bouillir du soufre seul dans le vase le plus étroit & le mieux fermé, il n'y a aucune explosion. Aussi cette substance, quoique très-phlogistiquée ne s'enflamme jamais dans les vases fermés. Tous ces principes se démontrent l'un par l'autre. Mais Ormasis seroit-il possible que les métaux contiennent aussi des parties aqueuses?.... O pour le coup nos Savans me traiteront de visionnaire si je m'avise jamais de leur présenter une pareille assertion.

Hé bien, répondit Ormasis, présente-là, & sois ferme dans cette opinion.

Tu sais combien la terre calcaire est difficile à calciner, & avec quelle force elle retient ses dernières parties aqueuses. Tu sais encore que la terre argilleuse, exposée au grand feu, retient également ses parties aqueuses, & même avec plus de force que la terre calcaire. Est-il donc surprenant que les autres terres métalliques puissent contenir des parties aqueuses, & qu'elles les retiennent encore plus intimement. Et doit-on affirmer qu'elles n'en contiennent pas, parce que l'on n'est point parvenu à les en extraire? Voilà pourtant les ridicules conséquences où l'amour-propre & le défaut d'examen entraînent la plupart des hommes. Ils voient que des barres de métal s'allongent ou se raccourcissent en proportion des degrés de chaleur ou de froid, & ils ne veulent point admettre de fluide aqueux dans les métaux ; mais comment, sans ce fluide aqueux peuvent-ils concevoir la dilatation, la malléabilité des métaux ? Comment concevoir la liaison des parties constituantes ? Si, suivant leurs principes, le feu pur qu'ils appellent phlogistique, étoit suffisant pour opérer cette liaison, il faudroit que les métaux eussent un degré de chaleur sensible pour conserver leur malléabilité ; ou plutôt sois bien sûr qu'une quantité de phlogistique qui se trouveroit dans une terre entièrement privée de parties aqueuses, s'enflammeroit par la plus petite augmentation de mouvement, & qu'une pareille combinaison, bien loin de former des métaux, occasionneroit un tonnerre continuel.

Enfin, si le mercure outre son phlogistique, ne contenoit pas des parties aqueuses, comment concevroit-on pourquoi il devient solide au grand froid ? Pourquoi ce même mercure redevient fluide aussi-tôt qu'on lui restitue quelques degrés de chaleur ? Sois donc certain, mon Ami, que les métaux sont comme tous les mixtes de la nature, ils sont composés de terre, d'air & d'eau ; il est vrai que ce sont les mixtes qui contiennent moins de parties d'air & d'eau ; tu en verras la raison, lorsque je te développerai les principes de leur formation.

CHAPITRE IX.

NADIR prenoit de plus en plus intérêt à la définition du Philosophe : il ne l'avoit d'abord regardée que comme un système agréable, il vit bientôt qu'un système fondé sur des principes physiques & constans, devient lui-même un principe certain. Je sens à merveille, dit-il à Ormasis, le jeu des petites portions de terre arrondie qui agitent la lumière. Je conçois qu'elles sont continuellement mises en action par le mouvement de rotation du globe. Il résulte donc que ces petites portions de matière qui pénètrent & circulent dans tous les corps agitent la lumière, & que la percussion de cette lumière agitée est plus ou moins vive, & cause plus ou moins d'écarts, en raison de la quantité de parties d'eau qui les affoiblissent. Mais lorsque le mouvement étant bien multiplié, occasionne l'inflammation, je ne comprends pas ce que deviennent alors ces petites boules après l'inflammation. Par exemple, lorsqu'on a fait détonner ou enflammer du nître dans des balons de verre exactement fermés, qu'est devenu le phlogistique? Ces petites boules n'ont sûrement pas pu s'échapper, ou au moins

il

il doit en rester une bonne partie. Pourquoi ne produisent-elles plus de feu ? Pourquoi n'agirent-elles plus la lumière avec autant de force ?

Je vais, Nadir, t'expliquer ces effets par une expérience sensible. Mets dans un vase une quantité de petites boules de terre ; agite ce vase avec vivacité, n'est-il pas vrai que ces petits corps de forme sphérique, s'échaufferont bien plus promptement que s'ils étoient de forme cubique ? En effet, le même degré de mouvement qui agitera vivement des boules, feroit à peine remuer des cubes. Il résulte donc que ces boules s'échaufferont plus promptement. Fais bien attention, Nadir, à ce que je te dis. Supposons à présent que ces boules soient agitées, au point de s'enflammer, ou bien qu'on leur communique une inflammation violente, alors une quantité de ces boules pourra perdre sa forme sphérique par la percussion ; plusieurs même pourront se réunir par la fusion. Alors cette masse n'étant plus un assemblage de petites boules, n'est plus autant susceptible de mouvement, & par conséquent d'inflammation.

Voilà, mon ami, l'explication de ce que l'on appelle la perte du phlogistique. Elle ne dépend, comme tu vois, que du changement des formes.

Un curieux s'avisoit un jour de demander

à un de tes Savans, pourquoi tel corps qui a été enflammé cesse-t-il d'être inflammable? Que répondoit ce Savant? C'est *parce que ce corps a perdu son principe inflammable.* Pourquoi l'opium fait-il dormir? *C'est parce qu'il a la vertu dormitive.* J'ai vu beaucoup de gens en réputation rire de cette saillie comique, & être cependant eux-mêmes les objets de la satyre.

Présentement, Nadir, réfléchis que la perte du phlogistique ne suppose pas toujours des effets de détonnation ou d'inflammation. Non; ces petites boules agitées que nous continuerons d'appeller Phlogistique, peuvent augmenter ou diminuer dans un corps en raison des quantités de parties aqueuses qui en retardent la course. Car alors ces petites boules sont susceptibles de se condenser lorsque leur mouvement s'affoiblit, & peuvent redevenir des corps solides, de même que les parties d'un corps solide peuvent devenir phlogistique par la division & par le mouvement. Ce que je t'annonce te paroît peut-être extraordinaire; cependant, mon Ami, rien de plus vrai; telle est la marche de la Nature. Telle est l'origine de tous les changemens qu'elle opère, celle de la variété des formes, & des pesanteurs spécifiques.

Prenons un exemple bien simple; examine

ce qui s'opère sur le lait des animaux, & cette observation achevera de te convaincre. Tu vois que la partie la plus phlogistiquée, la plus légère s'éleve à la surface, & forme ce qu'on appelle la crême. Cette formation est plus ou moins prompte en raison de ce qu'il y a plus ou moins de mouvement dans l'atmosphère ; mais cette substance en cet état n'est point encore inflammable ; en vain en ferois-tu évaporer au feu des parties aqueuses, jamais tu n'obtiendrois d'inflammation. Qu'arrive-t-il ? On bat, on agite cette crême pour former ce qu'on appelle le beure, & ce beure est alors une substance très-inflammable. Tu vois donc que le phlogistique s'est augmenté dans cette même substance, aux dépens des parties qui la composent. Nadir, ce sont quelquefois les observations les plus simples qui nous conduisent à de grandes vérités.

Oui, Ormasis, je conçois de plus en plus la Nature & les effets du phlogistique ; mais vous m'avez fait entendre que le phlogistique avoit des rapports avec la pesanteur des corps : je n'imagine pas quels peuvent être ces rapports. Comment, Nadir, tu ne les sens pas ? Les voici. Plus un corps acquiert de phlogistique, moins il pèse ; pourquoi ? Parce que le mouvement intérieur qu'il éprouve dans ses parties, quoiqu'insensible à tes yeux, diminue toujours de sa tendance au centre de la terre. Tu sais que le mouvement de rotation qu'un frondeur a donné à une pierre avant de la lancer, la lui fait jetter beaucoup plus loin, parce qu'en effet ce mouvement a déjà fait perdre à cette pierre une partie de sa gravité vers le centre de la terre; mon Ami, toutes les expériences ont des rapports fidèles entre elles; il n'est question que de les apprécier.

Plus un corps est phlogistiqué, moins il pèse; & en effet ne vois-tu pas que des métaux pourvus de phlogistique pèsent moins que lorsqu'ils ont perdu une partie de ce phlogistique par la calcination. Les huiles essentielles sont plus légeres que les huiles grasses. Elles contiennent aussi plus de phlogistique, & ces mêmes huiles grasses qui contiennent plus de phlogistique que l'eau & sont plus légères que l'eau, deviennent plus lourdes qu'elle, lorsque par la décomposition elles ont perdu de leur phlogistique. Une observation fort simple qui a échappé à tes Savans, va te rendre encore cette démonstration sensible.

Il n'est personne qui ne se soit amusé à verser légèrement du vin dans un verre où l'on a mis de l'eau, afin que le vin qui est moins pesant que l'eau ne s'y mêle pas, & puisse surnager. Mais pourquoi le vin est-il plus léger que l'eau ? C'est parce qu'il contient plus de phlogistique que l'eau. La preuve est que quand ce même vin par un nouveau mouvement de fermentation est devenu vinaigre, alors il ne surnage plus. Au contraire il se précipite au fond du vase sans se mêler avec l'eau. Il est devenu beaucoup plus pesant qu'elle, & il faut remarquer que cette augmentation de pesanteur ne provient que de la perte du phlogistique, & nullement de celle des esprits légers, car le meilleur vinaigre, & le plus pesant, est précisément celui dans lequel on a ajouté ou retenu le plus exactement les parties les plus spiritueuses.

Enfin tu ne verras aucunes expériences qui infirment ce principe, toutes concourent à le démontrer ; & si quelques-unes par hasard te paroissoient annoncer une contradiction ; la plus légère observation la feroit évanouir.

C'est en raison de ces changemens de pesanteurs occasionnées par plus ou moins de phlogistique, que la même substance peut affecter diversement ton goût ; car sois certain que les cinq sens ne sont que des modifications d'un seul sens qui est le toucher, & que la variété de toutes ces modifications dépend non-seulement de la variété des formes, mais de la variété des pesanteurs qui en résultent. Tu vois donc que le vin ayant perdu de son phlogistique augmente de pesanteur, & que c'est aussi par cette raison qu'il affecte alors différemment ton goût. En effet la diversité des pesanteurs & formes des corps, occasionne la diversité de leur chûte & circulation sur les houpes nerveuses du corps humain, de même que la flexibilité plus ou moins grande de ces houpes nerveuses, occasionnera une diversité de sensations chez deux hommes qui goûteront la même substance.

Tu vois encore que les graisses, les huiles, les beures, ces matières si douces au goût, l'affectent bien différemment aussi-tôt qu'elles ont perdu de leur phlogistique, & qu'alors leur acidité se fait sentir. Tu sais encore que le soufre, cette substance qui en cet état n'affecte nullement le goût, se convertit par la perte de son phlogistique en un acide très-corrosif, appellé huile de vitriol, laquelle peut se transformer de nouveau dans l'état de soufre, en se recombinant avec le phlogistique émané d'autres corps minéraux, végétaux ou animaux.

Tu vois donc, mon cher Nadir, que ce phlogistique est le même dans tous les corps; qu'il s'échappe d'un corps, qu'il repasse dans un autre, que l'air est lui-même chargé d'une très-grande quantité de phlogistique, que plusieurs de ces petites molécules ambiantes dans l'atmosphère se combinent avec une surabondante quantité de parties aqueuses, lorsque l'air en est chargé; qu'alors elles se condensent, retombent sur la terre, & deviennent parties constituantes d'autres corps, où elles peuvent de nouveau se transmuer en phlogistique par une nouvelle division.

Telle est, Nadir, la marche continuelle de la Nature; je ne saurois assez te présenter ce principe dont tu verras résulter une foule de conséquences.

CHAPITRE X.

Nadir, loin de s'ennuyer d'une conversation aussi abstraite, y trouvoit des plaisirs nouveaux; je conçois, dit-il à Ormasis, je conçois, avec encore plus d'évidence que jamais, votre définition du phlogistique. Premiérement la grande mobilité de cette substance nous annonce que la forme de ses parties doit être sphérique. Pourquoi? Parce que les corps qui ont cette forme sont les plus susceptibles de mouvement. En second lieu, ils doivent être de nature terreuse, parce qu'étant moins souples ils conservent mieux leur forme, & frappent plus vivement la lumière. Il est donc démontré par toutes les loix de la physique & du bon sens que votre définition est juste. Je vois aussi que le phlogistique est de même espece dans tous les corps. C'est sans doute encore ce même phlogistique répandu dans l'atmosphère, qui, agité par le mouvement des nuages, occasionne ces explosions nommées tonnerres. Je suis en état aujourd'hui d'expliquer des effets que je n'avois jamais bien entendus, puisque personne ne m'avoit jamais défini le phlogistique.

J'avois vu souvent dans l'atmosphère une multitude d'éclairs se succéder les uns aux autres avec rapidité, sans qu'il y eût aucuns éclats, aucunes explosions, & nos Physiciens me disoient qu'il n'y avoit point de tonnerre ou d'explosion, parce qu'il n'y avoit point alors assez de phlogistique dans les nuages. Je les écoutois, mais cette continuelle inflammation me paroissoit contradictoire avec leur réponse. Je sens bien à présent qu'il est possible que l'atmosphère soit remplie d'une grande quantité de phlogistique, & ne présente cependant que de la lumière sans explosion, lorsque la percussion de cette lumière est arrêtée par des parties aqueuses qui se trouvent dans l'espace même de l'inflammation. Mais lorsqu'une pareille ou même une moindre quantité de phlogistique, se trouve agitée dans un espace qui contient moins de parties aqueuses, je sens que la percussion de la lumière doit être infiniment plus vive, & qu'ensuite la dilatation des écarts & leur percussion, doit être à peine affoiblie par des volumes d'eau plus considérables. Il en est de même du coup électrique. Lorsque l'atmosphère est chargée de portions aqueuses, & qu'il y en a par conséquent beaucoup *dans l'espace même de l'inflammation du phlogistique*, la percussion de la lumière est très-foible.

Nos Savans s'étoient déja bien apperçus que les effets de l'électricité & ceux de la foudre, étoient les suites enchaînées d'une même cause; mais je ne devinois pas quelle étoit cette cause. Présentement je la conçois. J'ai toujours devant les yeux ce principe, que la lumière est comme tous les autres corps de la nature, sujette à être agitée par d'autres corps. Que le feu est l'effet de la lumière agitée. Que les écarts occasionnés par le feu, ne sont qu'une suite de cette agitation ou percussion. Que cette percussion est plus ou moins affoiblie par plus ou moins de parties aqueuses, parce que l'eau qui est un corps souple, & qui présente une quantité de surfaces, sans cesse renouvellées, arrête ou affoiblit bien davantage cette percussion, de même que la balle de laine affoiblit le coup d'un boulet de canon avec bien plus de succès, qu'un corps plus dur que le boulet traverseroit avec vîtesse, ou par lequel il éprouveroit un mouvement de répercussion considérable.

Oui, je m'apperçois de plus en plus pourquoi l'eau arrête les effets du feu ; & en effet, beaucoup de détonations n'ont lieu qu'après le départ d'une quantité de parties aqueuses. Par exemple, on fait fondre du soufre dans de l'huile, sans qu'il en résulte d'explosions, mais lorsqu'en chauffant long-tems cette mixtion, on en a fait évaporer beaucoup de parties aqueuses, alors il arrive une détonation terrible.

Les huiles grasses contiennent plus d'eau que les huiles essentielles, aussi ne parvient-on à les enflammer avec l'acide nitreux, qu'en y ajoutant l'acide vitriolique qui enlève l'eau surabondante. Les huiles essentielles éprouvent elles-mêmes une dessication avant de détonner. Je vois que tous les effets de la nature dérivent des mêmes causes. Cependant, Ormasis, puisque l'eau arrête la percussion de la lumière, pourquoi l'eau jettée sur du cuivre fondu, cause-t-elle des explosions aussi dangereuses que celles de la foudre.

Nadir, en voici la raison. Tu sais que le feu ouvre considérablement les pores de tous les corps qu'on y expose. L'eau que l'on jette pénètre donc dans les pores de ce métal. Mais comme les pores du cuivre, quoique ouverts par le feu, sont encore très-serrés, le peu d'air que l'eau contient étant susceptible d'une dilatation rapide, brise alors les parties résistantes. Une preuve de cette vérité, c'est que l'eau jettée sur de l'or fondu ne cause pas les mêmes effets, parce que les pores de ce métal sont beaucoup plus ouverts, & en moindre quantité que ceux du cuivre.

Je conçois, répondit Nadir, l'enchaînement de ces principes; cependant, Ormasis, quand on mêle ensemble le fer & le soufre, pour imiter en quelque sorte les effets des volcans, est-il nécessaire d'ajouter un peu d'eau avec le soufre & le fer, pour accélérer l'inflammation du phlogistique ? — Cette raison est fort simple, l'eau ne sert dans cette expérience, que pour former un mélange plus exact des parties de fer & de soufre. Ce qui te le démontre, c'est qu'au lieu d'enfermer ce mélange dans la terre, si on l'expose au feu, alors on voit sensiblement que la détonation n'arrive qu'après l'évaporation de beaucoup de vapeurs. Voici donc l'effet qui résulte de ce mélange. Tu vas voir qu'il faut toujours en revenir aux formes des corps & aux chûtes relatives. Les parties aiguës du sel acide, en tombant dans les interstices des petites boules, que nous nommons phlogistique, augmentent leur agitation : ces frottemens multipliés font donc l'origine de la chaleur, & par conséquent de la dilatation de l'air, appellée effervescence ; & ce mouvement augmente à mesure que les vapeurs aqueuses se dissipent, au point d'écarter les parties résistantes, & de développer quelquefois la lumière à tes yeux.

Je conçois donc à présent, reprit Nadir avec vivacité, comment les acides divisent les métaux. En effet, les parties aiguës étant précipitées dans les interstices des boules nommées phlogistique, augmentent les frottemens & le mouvement dans les premiers instans de leur chûte, d'où résulte la percussion de la lumière agitée, la dilatation de l'air, & l'écart des parties résistantes. Mais je conçois aussi, quand même il n'y auroit pas d'évaporation de phlogistique, que le mouvement de ces petites boules doit être ensuite diminué par l'interposition de ces mêmes parties aiguës. C'est donc par cette raison que plus il y a d'acide uni au phlogistique, moins l'inflammation en est considérable. C'est donc par cette raison que le soufre qui contient tant de phlogistique, & qui contient en proportion une si grande quantité d'acide, brûle avec tant de tranquillité. D'ailleurs vous m'avez dit qu'il contient des portions aqueuses & fort peu d'air, ce qui l'empêche de brûler dans les vases fermés. Mais pardonnez, Ormasis..... O mon Maître.... Je crois voir plusieurs de nos Savans hausser les épaules & se moquer de nous. Ces raisonneurs, disent-ils, n'ont donc point vu par nos expériences, que le soufre est un composé de phlogistique & d'acide vitriolique, nécessairement privé de parties d'eau ; que nous ne sommes parvenus à imiter cette production de la nature, qu'en combinant le phlogistique avec un acide entiérement privé d'eau. Or, peut-on prétendre que si le soufre ne brûle pas dans des vases fermés, c'est parce que les parties aqueuses ne s'évaporent point, vu qu'il n'y a point assez d'air pour former avec elles pesanteur spécifique. Où sont-elles donc ces parties aqueuses ? Je vous avoue, Ormasis, que ces reprises me démontent.

Quoi ! Nadir, est-il possible que de pareilles objections t'embarrassent. Demande à tes Savans s'ils ne t'ont pas appris eux-mêmes que les sels sont une combinaison ou aggrégation de terre & d'eau ? Oui. En ce cas l'acide vitriolique, qu'ils ont eu raison de regarder comme le sel principe de tous les autres, n'est donc pas exempt de parties aqueuses, dans tel état de siccité qu'ils puissent le supposer. Telle est la conséquence de leur propre système. Il n'y a pas d'autre réponse à leur faire. Au reste, s'ils en veulent une autre, représente-leur cette expérience frappante.

On fait chauffer de l'huile de vitriol avec de l'étain dans une bouteille de verre. A mesure que l'étain se dissout, l'acide uni au phlogistique vient se sublimer au col de la bouteille, & forme un vrai soufre. Tu vois donc qu'il se combine nécessairement avec le soufre quelques parties aqueuses, car ce n'est sûrement pas l'acide le plus concentré qui doit s'élever le premier au col de la bouteille.

Présentement, mon Ami, sois bien certain que lors de l'inflammation du soufre, il y a toujours quelques portions d'acide décomposées. Tes Savans se sont encore persuadés que cet acide vitriolique ne se décomposoit point, parce qu'ils retiroient après cette même inflammation une grande quantité d'acide; mais parce qu'ils retiroient beaucoup d'acide indécomposé, ont-ils pu conclure qu'il n'y en avoit eu aucune partie décomposée ? Vois cependant où cette supposition les a conduits. Ils se sont imaginés que la perte du poids, qu'ils appercevoient lors de la décomposition du soufre, étoit précisément la perte du phlogistique, & ils ont même poussé le calcul, jufqu'à prétendre que le poids du phlogiftique contenu dans le foufre, étoit environ d'un feizième ; c'eft-à-dire, que dans dix-fept livres de foufre, ils ont admis une livre de feu pur, car c'eft ainfi qu'ils définiffoient le phlogiftique. Or, comment ont-ils pu imaginer qu'un élément plus léger que l'air, puiffe augmenter le poids d'un corps ? Au contraire, & ceci eft trop évident pour avoir befoin de démonftration.

Les lumières que tes Savans t'auront communiqué fur d'autres objets, réclament ton eftime à leur égard, mais garde-toi d'une prévention aveugle, qui t'entraîneroit quelquefois dans les erreurs les plus groffières.

CHAPITRE XI.

LE Philofophe alloit entrer dans des détails relatifs aux confeils qu'il donnoit, mais s'appercevant que Nadir veut lui faire quelques queftions, il l'écoute avec attention. Je voudrois favoir, demanda Nadir, pourquoi un charbon rouge que l'on plonge dans l'huile s'y éteint fur le champ ?

Cette raifon eft fimple, mon Ami. C'eft que l'huile la plus inflammable n'eft pas exempte de parties aqueufes, car fans ces parties aqueufes qui affoiblissent le mouvement du phlogistique, toute la masse de cette huile s'enflammeroit, au lieu que toutes les huiles quelconques ne s'enflamment qu'à leur superficie. — Mais, Ormasis, d'où provient ce phénomène? Pourquoi les huiles ne s'enflamment-elles qu'à leur superficie? — En voici la raison. Tu sais que le mouvement de l'atmosphère est bien plus sensible sur la surface des corps que dans leur intérieur. Il y a donc plus de mouvement sur la surface de ces huiles que dans leurs parties intérieures. Il y a donc plus de dessication, & par conséquent c'est sur cette surface où doit s'entretenir l'inflammation du phlogistique. D'ailleurs cette inflammation est entretenue à la surface, parce que les parties les plus phlogistiquées de cette masse liquide étant les plus légères, s'élèvent nécessairement au-dessus des autres lorsqu'elles éprouvent le mouvement que leur communique la flamme.

Il t'est facile à présent de résoudre ce fameux problême. Pourquoi éteint-on par le souffle l'inflammation de l'esprit-de-vin? Pourquoi, au contraire, augmente-t-on par le souffle l'inflammation du bois allumé?

Ne perds pas de vue cette vérité, que la percussion du boulet est plus affoiblie par un corps
souple

souple que par un corps dur. Ce font ici les mêmes effets. Plus la masse d'un fluide est légère, plus elle est souple, & c'est alors qu'elle affoiblit davantage la percussion de la lumière. Ainsi la percussion de la flamme qui poussée par le souffle rentre dans un fluide, se trouve donc plus affoiblie, & plus ce fluide est souple, plus elle est affoiblie. Il n'en est pas de même de la flamme qui, poussée par le souffle, rentre dans un corps solide. Sa percussion est beaucoup plus considérable ; alors elle augmente bien davantage le mouvement du phlogistique contenu dans les pores de ce même corps, & par conséquent son inflammation.

Ah! repliqua Nadir, ces raisonnemens sont sensibles : je n'étois pas satisfait de ceux que l'on m'avoit donnés jusqu'à présent. Je demandois pourquoi le souffle allumoit le bois, & l'on me répondoit que c'étoit en raison de ce qu'il écartoit les fuliginosités ou parties aqueuses qui s'opposoient à l'inflammation. Cette raison étoit assez bonne, mais elle n'étoit pas suffisante, parce qu'elle ne m'expliquoit point pourquoi ce même souffle éteignoit l'huile enflammée, dont il écartoit cependant aussi les fuliginosités. Dites-moi, je vous prie, pourquoi l'eau que l'on jette sur de l'huile enflammée augmente-t-elle fur le champ l'inflammation ? — Rien de plus fimple, Nadir, tu viens de voir pourquoi les huiles s'enflamment à leur furface. Or en jettant de l'eau fur de l'huile enflammée, qu'arrive-t il L'eau qui eft plus pefante que l'huile, élève une quantité de parties en s'y précipitant. Les furfaces de l'huile étant donc augmentées, l'inflammation doit être plus confidérable ; d'ailleurs l'air contenu dans l'eau étant fubitement dilaté par la chaleur, élève auffi des portions d'huile & augmente encore les furfaces. Tu vois donc, mon cher Nadir, par quel mécanifme particulier l'eau qui arrête ordinairement les effets du feu, les augmente dans cette circonftance, & tu vois que cette expérience n'infirme pas nos principes.

En effet, répondit Nadir, j'étois bien affuré qu'il n'y avoit aucune contradiction dans les effets de la nature, mais j'avois jufqu'à préfent cherché en vain pourquoi l'eau qui éteint le bois allumé, augmentoit en certaines proportions l'inflammation des matières huileufes. Je fuis fatisfait.

Je reviens à votre définition du phlogiftique. Plus je réfléchis à cette petite expérience commune, par laquelle on allume deux morceaux de bois en les frottant l'un contre l'autre, plus je sens combien une quantité de petits corps frottés l'un contre l'autre avec rapidité doivent agiter la lumière, & occasionner une percussion & une inflammation considérables. Je conçois encore que cette flamme qui paroît à nos yeux est le développement de la lumière agitée. Je conçois donc à présent pourquoi l'esprit de nitre versé sur une huile essentielle, cause une détonation & une inflammation prodigieuse.

En effet l'acide par sa chûte dans le phlogistique augmente à l'instant même le frottement & le mouvement des petites boules. Moins il y a de parties aqueuses, plus la percussion de la lumière agitée devient active : enfin cette huile divisée par la percussion, présente alors une infinité de surfaces qui s'enflamment à la fois & dilate l'air avec la plus grande vivacité. Nous voyons aussi que plus l'esprit de nitre est concentré, c'est-à-dire, privé des parties aqueuses, plus l'inflammation est subite. Pareillement les huiles essentielles sont plus inflammables que les autres, parce qu'elles contiennent moins de parties aqueuses & plus de phlogistique. Je vois dans toutes ces expériences la vérité de vos principes.

Je suis charmé, reprit le Philosophe, que tu aye compris avec facilité l'action du phlogistique. Présentement tu dois concevoir que plus la lumière est abondante dans l'atmosphère, plus la percussion de cette lumière doit diviser les petites molécules de matières qui y sont répandues, dont elle augmente alors elle-même le mouvement. Il résulte donc que, plus il y a de lumière dans une portion de l'atmosphère, & plus l'air s'y trouve chargé de phlogistique. Il résulte donc que, lors de la pleine lune sur une portion de ton globe, l'air doit y être plus phlogistiqué qu'il ne l'est pendant les autres phases. Réfléchis bien à ce principe, & tu expliqueras tous les effets qui en dérivent. Tu sais qu'une augmentation de phlogistique chez les animaux suffit pour tenir en liquéfaction une substance telle que la moëlle de leurs os. Tu sais que le phlogistique accélère la fermentation des liqueurs spiritueuses, & tu vois aussi que ces liqueurs enfermées dans des vases pendant la pleine lune, conservent une activité bien plus considérable, & sont plus susceptibles de faire explosion, ce qu'on a éprouvé tant de fois sans pouvoir te l'expliquer. C'est encore par cette raison que certaines plantes cueillies pendant la pleine lune ou dans les premiers instans du décours, ont des effets plus particuliers qu'en d'autres tems. Cette activité du phlogistique beaucoup plus considérable vers l'équateur, dépend encore de l'atraction dont il faut connoître le principe. Nous en parlerons.

CHAPITRE XII.

La porte de la bibliothèque étoit entre-ouverte, & Mirza écoutoit depuis quelques momens ses Amis sans vouloir les interrompre. Le Philosophe avoit cessé de parler. Nadir rêvoit en silence aux influences de la lune ; ces influences qu'il avoit tant de fois regardé comme des fables, & qu'il voyoit alors être les suites naturelles des principes les plus évidens. Tout-à-coup Mirza paroît : elle lui apprend que ce pauvre & honnête homme qui avoit refusé d'abord ses offres étoit enfin venu les réclamer. Il m'attendoit, dit-elle, je lui ai rendu service sans l'humilier. J'ai vu par degrés la joie renaître dans son cœur. Sa reconnoissance étoit si expressive.... Ah ! Nadir, ce seroit à moi de payer encore le plaisir qu'il m'a fait. Puis, s'adressant à Ormasis, j'ai entendu, mon cher Philosophe, une partie de votre conversation. J'ai très-bien compris que ce qui est nommé phlogistique, est la substance de la nature la plus susceptible de mouvement. N'est-il pas vrai ? A merveille,

Madame. Il existe encore une autre vérité, c'est que le mouvement le plus agréable pour moi fut celui qui me conduisit ici. Je vois, répondit Mirza, que le vrai Savant n'est point un Misantrope, & qu'un compliment honnête lui est aussi familier qu'une explication physique. Et toi, Nadir, tu ne dis rien ? Non, ma chere Mirza, mais je pense très-sérieusement que le mouvement du phlogistique le plus heureux pour moi fut celui qui te donna le jour. Quoi, reprit Mirza, c'est donc aussi le phlogistique....... Mais tu viens de me dire quelque chose de bien tendre. Je m'occuperai une autre fois de mes questions. Veux-tu que nous descendions dans les jardins ? Si Ormasis le trouve bon, nous allons y trouver Fatmé. Tu sais que Fatmé est un peu plus raisonnable que moi, mais elle est pour le moins aussi curieuse. Je la quitte à l'instant. Elle veut absolument connoître Ormasis. Je lui ai promis que nous allions la rejoindre. Partons. Tu le veux bien Nadir ? Aussitôt Mirza prend la main du Philosophe qui l'accompagne.

Nadir enchanté de la curiosité de Fatmé, qui paroissoit déjà seconder ses projets, marchoit avec empressement. Si je pouvois, disoit-il en lui-même, fixer ici Ormasis, je serois au comble de la joie. Fatmé aimable, Fatmé toujours belle n'est plus dans l'âge des folles paſſions, & ſon cœur eſt ſuſceptible d'un attachement réfléchi. Quant à Ormaſis, j'eſpère que les graces d'un bel été pourront le ſéduire; car il eſt auſſi un âge où l'homme ſenſé craint de s'expoſer aux caprices d'une ſaiſon plus jeune.

Mirza interrompit les réflexions de Nadir, pour lui apprendre que les perſonnes qu'il avoit priées alloient ſe rendre à ſon invitation. Vous allez, dit-elle à Ormaſis, dîner avec deux Savans qui ſe déteſtent; c'eſt tout ce que j'ai pu comprendre dans leurs diſputes. L'un ſe nomme le Chymiſte *Graſacido*, l'autre le Docteur *Fixoventi*; nous avons encore un autre Phyſicien. Mais je voudrois ſavoir pourquoi des Savans mettent quelquefois tant d'aigreur dans leurs opinions. Vous fâchez-vous auſſi Ormaſis, quand on n'eſt pas de votre avis? Jamais, Madame, peu m'importe qu'on ajoute foi à mes principes. Et lorſque des hommes trouvent du plaiſir à perſiſter dans les idées les plus fauſſes, pourquoi m'oppoſerois-je à leur bonheur? Ils n'en ſont pas moins mes Amis. L'homme de bon ſens ne ſe met jamais en colere contre les opinions & les goûts. Par exemple un de vos bons écrivains convertira ſa plume élégante & hardie, en une plume mécanique & ſervile, &

il y trouvera son bonheur ; tant mieux pour lui. Il se persuadera que le théâtre qui est aujourd'hui l'école des mœurs, & non comme autrefois celle de la férocité & du libertinage, est un poison qui gâte l'espèce humaine. Laissons-lui le plaisir de blâmer une partie de ses Ouvrages. Il se repent de n'être plus dans l'état soi-disant primitif de l'homme ; il voudroit y être. Laissons lui ses desirs. Il voudroit n'avoir jamais lu, & il croit qu'il ne sait rien parce qu'il a beaucoup lu. Si cette opinion l'amuse, pourquoi la combattre ? Il ne veut plus lire aucuns Ouvrages, parce qu'il est convaincu qu'on ne lui apprendra rien de nouveau. Est-ce amour propre de sa part ? Laissons-lui encore ce sentiment agréable qui le réjouit. En vérité, Madame, je voudrois que tous les êtres fussent heureux : & si la félicité d'un homme dépend presque toujours de son imagination, pourquoi chercher à y mettre des entraves lorsqu'elle ne dérange pas l'ordre social ? O ! voilà une saine morale, reprit Mirza ; je vois en effet que la tolérance doit s'étendre sur les opinions de toute espèce.

C'est ainsi qu'en moralisant, l'on arriva dans une allée du jardin où étoit Fatmé. Elle apperçut Ormasis avec intérêt & même avec une espèce d'embarras. L'éloge rapide que Mirza lui avoit fait du Philosophe, s'étoit tracé dans son cœur. Quoi, lui dit Nadir, Fatmé ici! Nous arrivons fort à propos. Nous ne voulons pas que vous y soyez seule. Où sont donc nos deux Amies? Je leur en veux, répondit Fatmé: elles m'ont fait ce matin un certain mystère; j'ai eu de l'humeur & je les ai laissées. J'ai rencontré Mirza. Elle m'a prévenue que je vous trouverois ici; je suis certainement bien dédommagée. Madame, reprit Ormasis, ces petites querelles d'amitié ne durent pas, & je m'apperçois en mon particulier qu'il en résulte toujours un avantage. Oui, dit Fatmé, celui de se raccommoder promptement, & le besoin à cet égard devient un plaisir, lorsqu'on le satisfait. Mais, Mesdames, interrompit Nadir, vous n'êtes pas ici fort à votre aise. Ces arbres ne sont pas assez garnis, & les rayons du soleil..... Tu as raison, reprit Mirza. Avançons sous cet ombrage. Par exemple, je voudrois bien savoir pourquoi en marchant au soleil on éprouve une lassitude, une pesanteur singulière. Bon, répondit Nadir, c'est qu'il y fait plus chaud qu'à l'ombre. Mais, représenta Ormasis, cela ne suffit pas. Expliquez-nous à présent pourquoi cette chaleur, pourquoi ces rayons du soleil fatiguent un Voyageur. Vous nous direz peut-être que l'air se trouvant divisé par la chaleur, c'est-à-dire, par la percuſſion de la lumière, devient plus léger, & qu'alors le corps du Voyageur y devient relativement plus peſant.

Cette raiſon n'eſt nullement applicable ici. En effet, il faut conſidérer qu'un Voyageur eſt un être agiſſant. Or, moins il trouve de réſiſtance pour ſe mouvoir, moins il doit ſe fatiguer; or, comme un air léger lui oppoſe moins de réſiſtance qu'un air peſant, il devroit donc être moins fatigué lorſqu'il eſt expoſé au ſoleil. Mais comme l'expérience produit un effet oppoſé, il faut chercher une autre réponſe : nous la trouverons d'après ce principe certain, que la lumière exerce néceſſairement une preſſion ſur tous les corps de la nature, & c'eſt ce que je vais vous démontrer.

Vous voyez donc, Nadir, que cette queſtion de Mirza, ſi ſimple en apparence, va nous conduire à des explications curieuſes ſur la peſanteur des corps. Mais, je n'y penſe pas. Un vieux raiſonneur comme moi pourroit fort bien n'amuſer que Nadir, & ennuyer de jolies femmes. D'ailleurs il eſt difficile de démontrer clairement l'origine de la gravité des corps, lorſqu'on eſt occupé de leur beauté. En faiſant cette réflexion, Ormaſis regardoit Fatmé. Voilà, lui dit-elle, une excuſe très-honnête, mais ſi vous y persistez, c'est une preuve que vous vous méfiez de notre intelligence. Cette remarque fut un ordre pour le Philosophe, & sur le champ il commença la dissertation suivante.

CHAPITRE XIII.

Mon cher Nadir, plusieurs Savans, tes comtemporains, aussi laborieux qu'intelligens, ont exposé aux hommes des vérités intéressantes : la curiosité seule guidoit leur travail. Peu distraits par l'amour-propre, leur opinion fut le résultat d'un examen plus réfléchi. Il étoit tems que ces Savans vinssent orner ton globe, & dissiper le faux éclat des chimères. Depuis plus de cinquante siècles, de stupides erreurs enchâssées dans de grands mots, étoient les parures de tes Philosophes, ou, pour mieux dire, il n'y avoit point de Philosophie. Il existoit fort peu de ces connoissances sublimes, qui élèvent l'homme au-dessus de lui-même, & le pénètrent d'un sentiment délicieux.

Tu sais que tes anciens Astronomes croyoient que le soleil tournoit autour de la terre, mais cette opinion si fort accréditée, ayant été soumise à l'épreuve d'un calcul fidèle, perdit entièrement son crédit. Il fut démontré, & très-rigoureusement démontré, qu'en raison des distances le soleil ne pourroit faire le tour de ta planète qu'en 475 ans, & cette démonstration bien établie donna la preuve que c'étoit la terre qui tournoit.

D'après cette découverte, tes Savans jugèrent, avec raison, que la pression de l'atmosphère sur tous les corps devoit être considérable, puisque les hommes & autres corps non adhérens à la terre, n'étoient point enlevés par ce mouvement de rotation. Quoiqu'ils n'imaginassent point quelle étoit la cause de cette pression de l'atmosphère & celle de la gravité des corps, la suite de leurs découvertes n'en fut pas moins intéressante. Ils observèrent que deux pierres d'égale pesanteur, échappées de deux frondes inégales en longueur, mais agitées circulairement avec un mouvement égal, s'éloignoient de leur point de départ en raison inverse du quarré des distances au centre du mouvement. Cette expérience les conduisit naturellement à poser pour principe, que plus les corps sont élevés moins ils pèsent. En effet, puisque la terre tourne, il résulte donc que plus les corps sont éloignés du centre de la terre, plus ils parcourent d'espace. Alors ils ont plus de mouvement centrifuge, & par conséquent moins de pesanteur, c'est-à-dire, moins de tendance au centre de la terre.

D'après cette observation, un de tes Savans fort ingénieux calcula même combien devoit peser sur Saturne le poids que tu appelle une livre sur ton globe; & en effet, il lui suffisoit de connoître le diamètre de cette planète, pour calculer la pesanteur des corps sur sa surface, relativement à la distance du centre.

A l'appui de ces principes, on observa sur ton globe, que le mouvement d'un pendule étoit ralenti sous l'équateur, & que ce mouvement étoit accéléré vers les poles : or, comme l'oscillation isochrône du pendule dépend des loix de la gravité, on tira cette conséquence que les corps étant moins pesans sous l'équateur & plus pesans vers les poles, la terre étoit donc plus élevée vers l'équateur, & plus applatie vers les poles. Mais quand même des expériences n'auroient pas confirmé cette vérité, il est certains raisonnemens dont la force est, pour ainsi dire, celle d'une preuve géométrique. Enfin, Nadir, crois sans hésiter, que plus les corps sont élevés, moins ils pèsent.

Cependant, repartit Nadir, voici une expérience victorieuse en faveur du système contraire. On a suspendu une balance au haut d'un clocher fort élevé. Sous chaque bassin de cette balance étoit un fil de fer qui descendoit environ à trois pieds du niveau de la terre, & qui soutenoit deux autres bassins. Les bassins supérieurs étoient chargés de poids égaux, & la balance étoit égale. Mais après avoir descendu le poids d'un des bassins supérieurs, & l'avoir mis dans un des bassins inférieurs, alors, au lieu d'éprouver une augmentation de poids, il y avoit au contraire une diminution sensible. Il résulte donc, que les corps, bien loin d'être plus pesans en se rapprochant du centre de la terre, sont au contraire plus légers..... Comment Ormasis...... Vous riez..... Me suis-je trompé ? Cette expérience n'est-elle pas vraie ? Oui, mon Ami, mais elle ne prouve rien. Elle prouve que souvent à peu de distance du niveau de la terre, il y a plus de vapeurs qu'à une distance plus élevée. Conséquemment le poids nageant dans un fluide plus résistant, paroît plus léger. Au reste, tes Savans ont déja réfuté cette objection apparente. Il suffit qu'il soit démontré que la terre tourne, & de réfléchir aux loix immuables des forces centrifuges, pour ne pas douter un instant, que plus les corps sont éloignés du centre de la terre, moins ils ont de pesanteur.

Réfléchis encore à cette autre observation. Si,

suivant ton système, les corps en s'éloignant de la terre augmentoient de pesanteur, c'est-à-dire, de tendance à se réunir avec elle, il résulteroit que tous les globes de la nature tomberoient sur la terre, & qu'elle deviendroit elle-même le centre d'une masse universelle. Mais puisqu'au contraire ces autres globes, loin de se réunir à la terre, tournent sur eux-mêmes, & que les corps qui sont sur leur surface, tendent également à leur propre centre, ton système est donc insoutenable.

Mais enfin, répondit Nadir, je prétends, moi, que la terre ne tourne pas. Je soutiens qu'un corps aussi léger & aussi subtil que le soleil, peut parcourir un grand cercle aussi facilement que la terre en pourroit parcourir un plus petit dans le même espace de tems. Je vous défie de me prouver par vos calculs que cette loi est physiquement impossible.

Voici, mon cher Nadir, bien des mots en pure perte. Hé bien, supposons un moment que ces calculs ingénieux n'existent pas. C'est par un raisonnement physique que je veux te convaincre. Oui, Nadir, il est physiquement impossible que la terre soit un corps tranquille. Si la terre ne tournoit pas, il n'y auroit aucuns mêlanges d'élémens, aucuns composés. Les animaux, les végétaux, n'existeroient pas. La terre ne renfermeroit pas dans son sein ces productions diverses, qui ne résultent que du mélange des élémens. En effet, l'eau étant bien plus légère que la terre condensée, n'auroit jamais pénétré dans son sein. L'air plus léger que l'eau & la terre auroit toujours flotté sur ces deux élémens sans se mêler avec eux. Enfin la lumière, ce fluide si léger, n'auroit jamais pénétré aucuns corps. Cette lumière ne peut donc pénétrer dans la terre que par un mouvement de rotation. En voici la preuve invincible : je la tire d'une expérience que tu dois connoître. On met de l'huile dans un globe de verre où il y a de l'eau, alors cette huile, comme plus légère, reste constamment sur la surface de l'eau, tant que ce globe est immobile ; mais aussi-tôt que l'on tourne ce globe, alors l'huile passe au travers de l'eau, & pénètre jusqu'au centre du globe. Tu vois donc par cette expérience fort simple, que si la terre n'avoit pas un mouvement de rotation, l'eau, l'air & la lumière étant plus légers que la terre, n'auroient jamais été mêlés ou combinés avec elle.

Présentement, Nadir, réfléchis bien aux conséquences essentielles qui résultent de cette expérience. C'est cette lumière entraînée par le mouvement de rotation vers le centre de la terre, qui

qui est une des principales causes de la pression de l'atmosphère sur tous les corps. La vîtesse de sa course supplée à la légèreté de sa masse. Ne sois donc plus surpris de ce que la chûte des corps ait lieu dans des tubes exactement fermés, dont on a pompé l'air, puisque la lumière pénètre tous les corps, & y exerce toujours sa pression & sa tendance au centre de la terre. Ne sois plus étonné de ce que des rayons de lumière fatiguent les Voyageurs. Ne sois plus étonné de ce que la lumière du soleil affluant au haut d'une cheminée, occasionne de la fumée dans un appartement, cet effet provient de la pression réelle d'une plus grande quantité de lumière. C'est cette pression qui en frappant l'air, l'empêche en même-tems de s'échapper en haut, & occasionne son reflux au bas de la cheminée, malgré le courant d'air de l'appartement qui forme une résistance. Il est vrai que si cette fumée ne trouvoit pas d'issue pour refluer, alors la percussion & répercussion de la lumière en la subdivisant, occasionneroit enfin son évaporation, & une évaporation d'autant plus élevée, qu'elle seroit devenue plus légère. C'est ainsi que des vapeurs grossières élevées de la terre pendant les nuits, & précipitées par les premiers coups du soleil, se relèvent ensuite dans un état de division souvent insensible à tes yeux, & tombent de nouveau lorsque le froid de l'atmosphère les a condensées.

O! mon Ami, s'écria Nadir avec transport, vous me raviffez de plaisir. Quoi, c'est avec des réflexions auffi fimples que je pourrois réfoudre des problêmes qui faifoient pâlir nos Savans. Ces hommes laborieux avoient découvert que l'air pefoit fur tous les corps de la Nature. Ils avoient découvert que la terre tournoit, & ils ne réfléchiffoient point que c'étoit précifément ce mouvement de rotation qui étoit la caufe de la preffion de l'air & de la lumière, & cependant ils avoient vu par des expériences décifives, que les corps les plus légers font ceux qui tendent davantage au centre d'un globe qui tourne. La chûte des corps dans le vuide leur fit regarder l'origine de la gravité des corps comme une chofe incompréhenfible, parce qu'ils voyoient que la preffion de l'air ne pouvoit point avoir lieu fur les corps mis dans le vuide, mais ils ne réfléchiffoient pas que la lumière preffe & pénètre tous les vafes : que cette lumière en raifon du mouvement de rotation, tend toujours au centre de la terre, & exerce néceffairement une preffion relative fur tous les corps : que cette preffion doit agir avec égalité fur différens corps mis dans le vuide, parce qu'alors il y a moins de réfif-

tance inférieure, c'est-à-dire, point de répercuſ-
ſion d'air, qui pourroit faire tomber ces corps
en tems inégaux en raiſon de leur volume. Voilà
donc pourquoi la balle de plomb & le morceau
de papier tombent dans le vuide avec la même
promptitude.

Enfin, Ormaſis, c'eſt à préſent que je conçois
ſenſiblement l'origine des fermentations dans les
vaſes fermés. Ce mouvement inteſtin n'eſt plus
pour moi une vertu oculte. C'eſt une conſéquence
naturelle de la preſſion de la lumière qui pénètre
& agite tous les corps. En effet, il me ſuffit de
connoître ce premier moteur, pour réfléchir que
des corps agités, preſſés l'un ſur l'autre, peuvent
changer de forme, de peſanteur, & par conſéquent de goût; que les parties atténuées de ces
corps peuvent former des émanations de différente eſpèce : que ces émanations peuvent enſuite ſe combiner avec d'autres corps. Enfin, le
principe des fermentations me paroît évident, la
formation du phlogiſtique conſéquente à vos
préceptes, & je ſens mieux que jamais le jeu de
la lumière dans tous les corps.

En réfléchiſſant encore à ce mouvement de
rotation du globe, je conçois comment il peut
ſe trouver de la lumière, de l'air & du phlogiſtique dans les plus profondes cavités de la

terre, ce que je ne comprenois pas. Je conçois que les rayons de lumière qui frappent la terre font plus ou moins réfléchis. Je conçois aussi qu'il y a une grande quantité d'air répercuté par la terre qui lui résiste, ce qui occasionne aussi sa pression latérale, & à la lumière des reflets très-variés. Je conçois enfin que les secousses continuelles de l'air & de la lumière, en diversifiant les mêlanges, occasionnent les changemens que la Nature opère, c'est-à-dire, les compositions & décompositions successives de tous les êtres.

Je présume bien, continua Nadir, que le soleil ne perd jamais de sa substance, cependant telle étoit l'opinion d'un de nos Savans. Mon Ami, répondit Ormasis, quoique j'estime ce Savant, & que j'admire plusieurs de ses découvertes, je ne prétends pas que tu adopte toutes ses idées. Il ne l'a point prétendu lui-même. Que signifieroit la perte de la substance du soleil ? Où iroit cette perte ? Que deviendroit-elle ? Conçois-tu que la lumière puisse être annihilée ou même changée de nature. En effet, il n'en est pas d'un élément comme des corps composés. Comment concevoir la métamorphose d'un élément dont on ne connoît nullement les principes. Cependant, disoit-on, le soleil se trouveroit réduit à rien, si les comètes qui tombent de tems en tems dans sa sphère, ne servoient à réparer ses pertes. Vois donc combien il est ridicule de comparer le soleil à une fournaise ardente, puisqu'on est obligé de supposer qu'il y tombe de tems en tems quelques fagots pour entretenir le feu. C'est encore d'après cette fausse idée, que l'on a supposé que Mercure, cette planète voisine du soleil, devoit être une terre inhabitable & beaucoup plus dense que la tienne, puisqu'elle n'étoit pas volatilisée par la grande chaleur. Réfléchis donc, que la chaleur n'étant que la lumière agitée par le mouvement de rotation du globe, il résulte que plus une planète est petite, moins sa surface parcourt d'espace, moins le mouvement y est rapide, & moins il y a de chaleur. Ne sois donc point surpris si des animaux peuvent subsister sur un globe tel que le nôtre, qui étant vingt-sept fois plus petit que le tien, n'est donc pas plus échauffé, quoique plus voisin du soleil, & est cependant assez échauffé, en raison de la plus grande quantité de lumière qu'il reçoit.

Mirza fit un signe à Nadir. Ormasis s'en apperçut. Belle Mirza, lui dit-il, je sais que des explications trop longues exercent aussi sur l'esprit une pression fatiguante. J'aurois dû ne pas obéir aux ordres de Fatmé. Je vous l'avoue,

Mesdames, je crains de vous ennuyer. Il s'en faut bien, répondirent-elles de concert. En vérité, continua Mirza, vous ne sauriez croire avec quel plaisir je vous écoute, & l'attention particulière de mon Amie, est une preuve du même plaisir. C'étoit même pour ne pas vous interrompre que par un signe, je rappellois à Nadir l'explication que je lui faisois hier, explication relative à votre dernière observation. Je suis très-glorieuse de voir combien elle avoit de rapports avec la vôtre. Aussi Nadir, malgré tous ses complimens, fut un peu jaloux, car pour se venger il courut chercher un gros livre de figures, & les démonstrations auxquelles il fallut me prêter, me firent plus d'une fois perdre la raison......
Mais, Ormasis, vous venez de nous chercher querelle. Ma chère Fatmé, il faut nous venger. Ecoute-moi. Pour lui prouver que nous lui avons donné toute notre attention, faisons-lui des objections terribles. Volontiers, répondit Fatmé, mais tu es déja plus instruite que moi ; je t'en charge.

CHAPITRE XIV.

Monsieur le Philosophe, vous prétendez-donc que la lumière exerce une pression sensible sur tous les corps. A la bonne heure. Mais je ne crois point que la pression la plus forte de cette lumière, soit celle qui tend au centre de la terre. Une nuit j'étois dans mon appartement ; Nadir n'y étoit point, & cependant je ne dormois pas. J'examinois avec beaucoup d'attention la flamme d'une bougie. Je m'avisai d'observer, & je crus voir que cette flamme s'élevoit toujours, bien loin de tendre au centre de la terre. Mon observation n'avoit donc pas le sens commun. — Pardonnez-moi, Madame, mais cette flamme que vous regardiez s'élever, & qui s'élève en effet de tous les corps que l'on brûle, n'est autre chose que des vapeurs divisées par la lumière, & devenues plus légères que les vapeurs qui les environnent. Quant à la lumière, vous voyez qu'étant agitée par le mouvement circulaire du phlogistique, elle diverge de tous côtés dans l'appartement, & la preuve que le mouvement dominant de cette lumière, n'est point de s'élever, c'est que si votre bougie étoit posée très-bas dans l'appartement, elle ne vous éclaireroit pas davantage. Vous voyez donc qu'il ne faut pas confondre la flamme, qui est un corps composé, avec la lumière, qui est corps simple.

Un moment, répartit Mirza, voici une autre objection. Si la lumière exerce une preſſion ſenſible ſur tous les corps, ces corps doivent donc être plus légers pendant la nuit que pendant le jour. En ce cas le baromètre, dont la variété dépend des différentes preſſions de l'atmoſphère, doit être plus........ Nadir, auſſi-tôt qu'il fera nuit, je veux voir ſi ton baromètre ſera bien deſcendu. O, pour cela, je n'en crois rien. Convenez, Monſieur le Philoſophe, que voilà une terrible objection. — Madame, je laiſſe à Nadir le plaiſir d'y répondre. Il eſt aſſez habile pour bien ſe tirer d'affaire. En tout cas, répondit Nadir, ſi j'étois dans la poſition de réclamer l'indulgence de Mirza, je ſuis ſûr..... Je vois, interrompit-elle, qu'on a la reſſource de plaiſanter lorſque l'on eſt dans l'embarras. Je te prie de me répondre très-ſérieuſement. Hé bien, ma chère Mirza, voici ma réponſe très-ſérieuſe.

Quoique la lumière preſſe moins les corps pendant la nuit que pendant le jour, mon baromètre peut bien être auſſi élevé pendant la nuit que pendant le jour. En voici la raiſon ; il y a plus de fraîcheur pendant la nuit ; alors les masses d'eau raréfiées au haut de l'atmosphère, se condensent & s'abaissent davantage, d'où résulte la plus grande pression de l'air qui est au-dessous d'elles ; c'est ce qui compense en quelque sorte la pression de la lumière, qui est moins considérable pendant la nuit. Tu vois donc, ma chère Mirza, que les expériences du baromètre n'infirment point les principes de notre Ami, de même que ses principes n'infirment point les raisons ingénieuses que nous ont donné quelques Savans concernant les variétés du baromètre.

Il est encore une observation à faire ; c'est que la lumière qui exerce, à la vérité, moins de pression pendant la nuit, que pendant le jour, en exerce cependant encore une bien sensible. En effet, ce que nous appellons la nuit n'est autre chose que l'ombre de la terre. Or au-dessus de la projection de cette ombre, la lumière y est abondante, & le mouvement de rotation qui est encore sensible à cette hauteur, entraîne toujours des portions de lumière, d'où résulte une pression.

Fort bien, répondit Mirza, j'aime ce sérieux philosophique ; mais explique-moi un peu plus sensiblement cette dernière observation. — Volontiers, Mirza, viens un instant au soleil. Supposons que tu es la terre. Le soleil est derrière toi. Regarde ton ombre au-devant de toi. C'est la nuit. Or tu vois qu'au-delà de la projection de cette ombre, la lumiere reparoît avec la même vivacité.—A merveilles, répondit Mirza, je conçois ta démonstration. Ce n'est pas tout, reprit Nadir, en se mettant au-devant de Mirza. Je t'ai comparé à la terre. Je suis l'habitant de cette terre. Tu vois que plus je me rapproche de toi, plus je me trouve dans ton ombre. (Nadir s'approchoit de plus en plus.) Ah! lui dit-il à voix basse, en posant sa bouche sur la sienne, si un corps aussi agréable que le tien formoit une nuit éternelle, plongé dans cette ombre charmante, j'abandonnerois sans regret la lumière.

Tu est bien aimable, repartit Mirza, mais, sois de bonne foi. Tu aime trop la lumière pour y renoncer. Souviens-toi donc que je t'ai querellé plus d'une fois.... Ormasis, continua-t-elle, en élevant la voix, & en se rapprochant du Philosophe, qu'allez-vous penser de l'indiscrétion de Nadir? Quoi! terminer une explication Physique par un baiser. Convenez que c'est manquer à la majesté scientifique. Par exemple, je suis bien excusable moi de ne m'être pas reculée, parce que les rayons du soleil me pressoient & m'entraînoient vers mon ombre. Quant à lui, il n'a point d'excufe. Non, répondit Nadir, & j'avoue que pour ne pas être humilié, je voudrois qu'Ormafis fût auffi indifcret vis-à-vis de Fatmé.

Le Philofophe étoit enchanté de l'enjouement de fes hôtes. Il l'étoit auffi de la beauté de Fatmé. Cette femme aimable l'avoit prié de lui expliquer ce qu'il appelloit des ofcillations ifochrônes. Il avoit déja fufpendu une petite pierre à un fil de foie. Le fil étoit attaché au bord du banc où il étoit affis. Ayant mis cette pierre en mouvement, il démontroit donc à Fatmé que cette ofcillation ifochrône du pendule n'eft autre chofe que le mouvement circulaire, c'eft-à-dire, un mouvement qui décrit un arc de cercle.

A propos de mouvement circulaire, je vais, dit-il, vous annoncer une vérité qui vous paroîtra fingulière, c'eft qu'il n'exifte dans la nature aucun mouvement droit, qui ne tire fon origine d'un mouvement circulaire. Bon, répondit Fatmé, quelle plaifanterie ! Mais, fi j'avance ma main vers vous en ligne droite, voilà pourtant un mouvement très-droit. Et en effet, elle avançoit fa main. Oui, répartit le Philofophe, mais obfervez que le haut de votre bras décrit un mouvement circulaire. Remarquez à préfent, belle Fatmé, votre bras est étendu. Je le prends, je l'élève. Vous voyez qu'il décrit encore une ligne circulaire. Je penche ma tête : voilà encore un mouvement circulaire. Je baise votre main : nouveau mouvement circulaire, car il est impossible d'ouvrir & de fermer la bouche sans un mouvement circulaire. Vous la retirez : nouveau mouvement circulaire. Si vous preniez le parti de me fuir, ce seroit encore par un mouvement circulaire, mais il me feroit beaucoup de peine. Moi, vous fuir, répondit Fatmé un peu déconcertée de cette déclaration imprévue. Vous, l'Ami de Nadir, vous pour qui je sens toute l'estime......

Nadir enchanté de ce qu'il soupçonnoit, s'empressa d'éviter à Fatmé un peu d'embarras. Vous voyez, lui dit-il, que notre Philosophe est galant. Ne croyez pas que j'eusse admis un Misantrope dans notre Société. Je réfléchis, mon cher Ormasis, à cette vérité singulière que vous venez de nous faire appercevoir. Je savois bien que tous les corps fluides tendent à prendre la forme sphérique, mais je n'avois jamais observé que dans la Nature il n'est aucun mouvement droit qui ne reçoive son impulsion d'un mouvement circulaire. En effet, dans toutes les pièces de mécanique s'il se trouve des mouvemens droits, ils émanent toujours du mouvement circulaire. Si, par exemple, dans les moulins il y a des pilons qui s'abaissent & s'élèvent en ligne droite, c'est toujours un mouvement circulaire qui les met en action. Si je jette un corps en ligne perpendiculaire, la méchanique ou mon bras qui le jette, décrit un mouvement circulaire. La baile qui s'échappe d'une arme à feu, est encore poussée par les mouvemens circulaires du phlogistique & de la dilatation de l'air.

O que cela est plaisant, interrompit Mirza, en riant de tout son cœur. Ecoute-moi, Nadir, j'ai une question secrette à te faire. Permettez Ormasis. Dis-moi, mon Ami; c'est donc aussi l'oscillation isochrône qui......... Elle acheva cette question à voix basse. Nadir rit beaucoup. Ormasis & Fatmé déja aussi instruits que s'ils l'avoient entendue, en partagèrent également le plaisir.

Mais il ne s'agissoit plus de plaisanter. Nadir apperçut venir de loin le Docteur *Fixoventi* & le Chymiste *Grasacido*. Allons, dit-il à Mirza, allons au-devant d'eux. Il regarde à sa montre. Je ne croyois pas qu'il fût si tard. Ma chère Mirza ordonne que l'on serve.

Ormasis & Fatmé s'avançoient un peu plus lentement. Il faut avouer, dit Ormasis, que ce couple qui marche devant nous, mérite bien d'être heureux. Je ne peux pas encore vous confier belle Fatmé, quel intérêt particulier m'attache à ces deux êtres ; mais quand même cet intérêt n'exifteroit pas, ils ne m'en feroient pas moins chers. Depuis quinze ans qu'un accident affreux m'a privé d'une Compagne aimée, voici les premiers inftans où j'oublie en quelque forte des chagrins, que les reffources de la fcience n'avoient jamais pu vaincre.

Je ne veux pas, répondit Fatmé, pénétrer le motif de votre attachement à nos Amis, mais quant à moi, bien loin d'être jaloufe de leur bonheur mutuel, il devient une partie du mien. Nadir a pu vous raconter de quelle façon nous vivons enfemble. Cependant il voudroit que je trouvaffe un époux qui me laifsât toute ma liberté, & par conféquent le plaifir de jouir toujours de fa fociété. Je ne fais pourquoi mes inquiétudes redoublent aujourd'hui fur cette propofition, & j'y fens plus que jamais une répugnance invincible. — Mais enfin, belle Fatmé, fi cet Ami que vous propoferoit Nadir, étoit uni avec lui pour toujours ; s'il demeuroit ici. Si cet homme vous adoroit ; fi, infenfible depuis long-tems aux douceurs de l'amour, il trouvoit en vous fa félicité, refuferiez-vous de faire un heureux? Au moins, répondit Fatmé, je voudrois le connoître avant

de me décider. Oui, reprit Ormasis, mais si cet homme n'étoit plus dans le printems de son âge. Si quelquefois un reste de mélancolie ou de réflexions le rendoit rêveur, il est certain que votre choix ne tomberoit jamais sur lui. — Pourquoi donc? D'abord je n'ai pas moi-même l'amour-propre de me croire dans le printems de mon âge. En second lieu, un peu de mélancolie est presque toujours la preuve d'une ame sensible. Quant aux réflexions, je mépriserois un homme qui n'en feroit jamais. D'ailleurs si ces réflexions s'étendoient quelquefois sur des objets aussi amusans qu'instructifs, ô! que j'aurois de plaisir à rêver avec lui. La science donne la vraie noblesse au génie, & celui qui la possède en éprouve lui-même toute la valeur. — Hé bien, divine Fatmé, si, sans aspirer à cette noblesse du génie, mes foibles connoissances pouvoient quelquefois vous intéresser. Si j'étois cet Ami. Si Nadir..... mon cher Philosophe, lui dit Fatmé en le regardant avec l'expression la plus tendre, nous nous devinons...... Avançons, je vous prie. Je ne veux pas que l'on s'apperçoive déja que je vous aime, moi qui passe ici pour la femme la plus raisonnable, la plus réfléchie.....
Ormasis éprouvoit alors cette douce situation de l'ame, plus facile à sentir qu'à exprimer. Ils

croyoient marcher très-promptement, ils n'avançoient presque pas. Un Esclave vint les distraire de cette douce rêverie, & leur annonça qu'on les attendoit dans le sallon.

CHAPITRE XV.

Pendant que le Docteur, le Chymiste & le Physicien conversoient avec Mirza, Laure & Sophie montroient à Nadir une lettre qu'elles avoient reçue. Aussi-tôt que Nadir apperçut Fatmé & Ormasis. Venez, leur dit-il avec la plus grande gaieté, venez prendre lecture de cet écrit.

Selim & Osman
à
Laure & Sophie.

„ Vous êtes deux Amies charmantes. Nous
„ sommes deux Amis un peu étourdis, mais ce
„ n'est pas en vous aimant. L'union de Nadir &
„ de Mirza nous paroît inaltérable. Le bonheur
„ de cet Ami, fondé sur la confiance, est un
„ exemple qui nous séduit. Il ne tient qu'à lui de
„ former des Prosélytes; l'idée de faire en même-
„ tems des heureux, le déterminera peut-être;
„ mais sans votre aveu nous nous garderions bien
„ de

„ de lui faire aucune proposition. Cependant
„ Laure & Sophie répudiées.... Répudiées.....
„ Ce terme n'est pas fait pour elles. N'importe,
„ l'usage l'a consacré. Il ne servira qu'à resserrer
„ les nœuds de notre société, & ceux de notre
„ attachement pour Nadir. Nous viendrons ce soir
„ apprendre la décision de notre sort. Nous l'at-
„ tendons avec impatience «.

Voilà donc, dit Fatmé, le mystère de ce matin. J'avois bien présumé qu'il y avoit de la plaisanterie ou de la délicatesse. Mes aimables Amies, je vous le pardonne de tout mon cœur. Jugez par le plaisir que j'ai de vous embrasser, combien je désire votre bonheur. Ma chère Fatmé, répondirent-elles, nous sommes sûrement très-heureuses ici. Que pouvons-nous desirer ? Lisez donc, interrompit Nadir, Laure & Sophie compteroient-elles pour peu de chose la satisfaction de faire des heureux. Oui, vous ferez des heureux. Cependant, pour que ce ne soit jamais aux dépens de votre propre félicité, je lierai Selim & Osman par des promesses relatives. C'est ce dont je me charge.

Mirza étoit accourue aux embrassades de ses Amies, & bientôt informée du sujet, elle y prit la part la plus sincère. Laure & Sophie n'étoient pas mécontentes. En effet, les plus beaux sentimens

K

accordent toujours quelque chose au physique, & l'ame la plus élevée ne peut se souftraire aux inpulsions de la Nature.

On se mit à table, le repas étoit délicat. Il fut très-bien accueilli. Les mets friands reçoivent ordinairement des éloges sincères. En vérité, disoit Grasacido, je préfère un bon Cuisinier au plus habile Chymiste. Ah, répondit Ormasis, cette épigramme contre vous-même ne nous en impose pas. D'ailleurs l'Art de la Cuisine est fondé lui-même sur des principes chymiques. Passez-moi, je vous prie, de ce ragoût. Par exemple, l'eau & les graisses n'ont point d'affinité à s'unir ensemble, mais par l'intermède d'un mucilage, tel que la farine, on les a mêlés en formant cette sauce rousse, qui est très-bonne. Vous savez encore que la liaison des sauces est une opération utile à bien faire, parce qu'alors les parties grasses étant plus divisées, donnent moins de travail à l'estomac. Vous savez encore qu'une quantité d'épices dans les ragoûts est dangereuse, parce que l'abondance du phlogistique qu'elles contiennent pénètre les pores des vaisseaux sanguins, & tend à décomposer le sang en le raréfiant.

Il paroît, répondit Grasacido, que Monsieur a des connoissances sur ces objets. Quant à moi, je vous dirai franchement que j'ai cherché depuis long-tems à imiter les foufres de notre eftomac. Ce font fûrement des acides végétaux unis au phlogiftique; mais pourquoi ces foufres ont-ils quelquefois la même odeur que s'ils avoient pour bafe l'acide vitriolique ? Pourquoi font-ils toujours fluors fans le fecours d'un alkali concentré ? Sont-ce les huiles qui.... Non, je ne tiens point encore l'objet de mes recherches. Je vois cependant qu'il exifte par-tout un *acidum pingue*, qui joue un grand rôle dans la Nature, & qui préfente fes *latus* en une infinité de manières.

Le Docteur Fixoventi, au feul nom d'*acidum pingue*, abandonna fur le champ une aile de perdrix, dont fon eftomac alloit abforber *l'air fixe*, & regardant Grafacido de travers, en vérité, Monfieur, il eft fingulier que l'on veuille miftifier des Savans avec une fubftance auffi impalpable qu'incompréhenfible, & que l'on prétende en expliquer les effets par l'attouchement des côtés. Oui, les *latus*, les côtés, les flancs d'un *acidum pingue*, d'une fubftance dont on ne comprend pas la forme : parbleu cela eft plaifant.

Eh! Monfieur, répondit Grafacido, n'eft-il pas plus fingulier de prétendre qu'il y ait des airs qui deviennent très-fixes, très-pefans, & cependant impalpables, & que ces mêmes airs redeviennent volatils avec la même facilité. Ces métamorphoses inexplicables & contraires aux loix de la Physique, sont certainement plus inconséquentes que mon système. Cela est faux, répartit le Docteur, rien de plus simple. Rien de plus naturel que cet air fixe, je vais en faire juger ces Messieurs. Il alloit continuer, mais il fut interrompu par des éclats de rire, dont voici le sujet.

Le Cuisinier de Nadir étoit un gros Nègre bien lippu, bien camard, en un mot de la figure la plus comique. Mirza ayant entendu dire que son Cuisinier devoit être un Chymiste, & le voyant précisément passer devant la porte du sallon, l'avoit appellé. La grande vivacité de ce Nègre, pour obéir à sa Maîtresse, lui fit glisser le pied, & plonger la tête dans un plat de crême fouettée, que portoit un autre Esclave. Mirza bien assurée qu'il ne s'étoit pas blessé, se réjouit beaucoup de voir cette mascarade. Messieurs, dit-elle, je voulois vous faire connoître l'adepte qui a mérité vos éloges, mais j'ignorois qu'il donnoit aussi dans l'air fixe, au point de s'en faire un masque. On rit beaucoup, & on complimenta d'ailleurs ce Nègre sur ses talens utiles. Mirza n'ignoroit pas que dans chaque état l'imagination fait le bonheur des humains. Cet Esclave glorieux d'avoir servi d'amusement à ses Maîtres, & d'avoir été complimenté, se retiroit avec la joie dans l'ame.

Cependant Sophie qui ne mangeoit pas, avoit détaché par distraction le cachet de la lettre des soupirans. Elle s'amusoit à frotter ce cachet, pour enlever des petits morceaux de papier. Oui, ma chère Sophie, lui dit Nadir, vous & Laure avez la vertu de ce cachet. Ces morceaux de papier, ce sont eux. Oh, répondit Sophie, vous êtes méchant; vous vous vengez de notre silence; mais nous vous demandons grace pour aujourd'hui. D'ailleurs nous écoutons ces Messieurs avec le plus grand plaisir. Le Docteur alloit présenter ses preuves; mais Mirza toujours curieuse, adressoit la parole au Physicien : tout le monde écouta en silence. Monsieur, lui dit-elle, pourquoi ce cachet de cire ayant été frotté, attire-t-il à lui les morceaux de papier ou autres corps légers qu'on lui présente ? — Madame, telle est la propriété de tous les corps, dont les surfaces sont extrêmement polies, les verres, les diamans, les pierres précieuses, font le même effet, parce qu'alors les frottemens agissent par-tout. — Fort bien, répondit Mirza, mais pourquoi les morceaux de papier s'élèvent-ils pour se réunir à ce corps que l'on a frotté ? — Madame, quelques-uns de nous ont prétendu que c'étoit *un fluide électrique* qui agissoit ; mais comme ce nouveau nom n'a point donné d'explication neuve, & qu'il n'annonce qu'une comparaison d'effets semblables, je m'en tiens donc au principe de *l'attraction*. Or, Madame, c'est par l'attraction que ces corps se réunissent. — Mais enfin, Monsieur, qu'est-ce que l'attraction ? — L'attraction, Madame, c'est.... c'est la vertu par laquelle deux corps s'attirent, laquelle *vertu attractive* cessante, fait place à la *vertu répulsive*. — Mais encore, Monsieur, par quelles loix ces corps ont-ils la vertu attractive ? Mais, Madame, ce sont des *qualités occultes* de la Nature qui......

Je vois, interrompit Ormasis, qui souffroit de l'embarras du Physicien, je vois que Monsieur, trop modeste pour développer ses idées, se contente de donner ici la solution des écoles. Mais, Monsieur, vous avez sûrement senti comme moi depuis long-tems, que toutes ces explications ne sont que des jeux de mots. Vous savez, sans doute, que l'air de l'atmosphère exerce en tout sens une pression sur les corps de la Nature. Or, quand on frotte vivement un corps, vous concevez que l'air qui l'entoure, se trouve en grande partie écarté par le mouvement. C'est donc au moment où cette pression de l'air se rétablit sur

SANS PRÉTENTION.

ce corps, qu'elle entraîne d'autres petits corps légers. Cette raison est si simple, si naturelle, si conforme aux vrais principes, qu'elle n'a sûrement pas échappé à vos réflexions. Il est vrai, Monsieur, répondit le Physicien, j'avois déja eu quelques idées à cet égard ; mais voici une expérience singulière, dont je n'ai jamais bien compris le principe. Mesdames, auriez-vous deux petites éguilles très-légères ? ou bien, voici sur cette cheminée une corde de clavecin : elle est de cuivre, n'importe. Je vais en couper deux bouts d'environ trois lignes de longueur. Cela est suffisant. Je les mets flotter dans ce verre d'eau. Ils sont environ à un pouce de distance l'un de l'autre. Regardez, je vous prie. L'eau est actuellement bien tranquille. Remarquez comme insensiblement ces deux petites éguilles se rapprochent. Voyez comme elles augmentent de vîtesse, en raison de leur plus grand approchement, & tout-à-coup les voilà réunies avec la plus grande célérité. Recommençons. Vous voyez toujours les mêmes effets. Hé bien, Monsieur, dit-il, en regardant Ormasis, voilà ici une attraction sensible : comment l'expliquerons-nous ? Nous n'avons pas écarté d'air par le mouvement, ce n'est donc point le reflux de l'air qui conduit ces deux corps l'un vers l'autre. — Pardonnnez-moi,

Monsieur ; vous êtes trop éclairé pour ne pas sentir que deux corps ne se réunissent, que parce qu'ils ont plus de pesanteur l'un vers l'autre ; mais cette pesanteur l'un vers l'autre augmente en raison de la moindre résistance qui se trouve entr'eux. Or, voici l'explication de cette expérience.

Il n'y a qu'un pouce de distance entre vos deux éguilles, & il y a plus de deux pouces de distance de vos éguilles aux parois du verre. L'air qui est entre vos deux éguilles étant donc plus répercuté, puisqu'il est dans un espace plus resserré, devient nécessairement plus léger. Il y a donc moins de résistance dans cet intervalle, & vos éguilles ont une pesanteur dominante l'une vers l'autre, parce que le poids de la pression latérale de l'air extérieur, devient plus considérable que celui de l'air qui est entr'elles. Vous voyez donc, Monsieur, que je me contente d'appliquer ici les loix des pesanteurs. Je n'innove aucun principe. Je crois que vous me comprenez.

Mais un moment, voici ma preuve. Je pose ces deux éguilles à deux pouces de distance l'une de l'autre, au lieu d'un pouce. Regardez à présent. Ces mêmes éguilles qui se réunissoient ci-devant, ne s'écartent-elles pas de plus en plus vers les bords du verre ? Ce n'est donc point parce qu'il est survenu une vertu répulsive entr'elles, puisque si je les rapproche à un pouce de distance, elles vont également se réunir. Vous voyez donc que ces effets dépendent uniquement de la variété des pesanteurs relatives. — J'avoue, Monsieur, répondit le Physicien, que votre idée est une conséquence de nos principes adoptés, elle me paroît fort simple. Nous avions déja vu dans les observations sur la Physique, des réflexions d'un de nos Compatriotes, concernant la vertu magnétique. Il a raisonné à-peu-près comme vous sur l'expérience que je viens de vous citer. Il a même étendu ses raisonnemens, jusqu'à expliquer l'origine de la putréfaction, & pourquoi des sels en garantissent les corps. J'avois d'abord pensé que ce n'étoit qu'un enchaînement de systêmes; & comme nous autres Savans nous ne voulons recevoir aucun nouveau systême, je n'y fis point alors toute l'attention possible. Je vois aujourd'hui que des raisonnemens, d'après les loix des pesanteurs, sont plus essentiels que des jeux de mots. Je conçois à présent ce que cet Observateur nous a dit au sujet de l'ascension des liquides dans les tuyaux capillaires. En effet, moins il y a de pression de l'atmosphère sur un fluide, plus ce fluide doit s'élever. Cela est fort naturel. Or, dans des tubes capillaires où l'air est très-répercuté & raréfié, il doit y avoir moins de preſſion que dans un large tube ; par conséquent les liquides doivent s'y élever davantage.

Cela eſt très-juſte, répondit Ormaſis, & pour vous convaincre de plus en plus que cette agitation de l'air eſt une vérité ſenſible, c'eſt que tous les corps, dont les pores, ſans être trop ouverts, le ſont cependant aſſez pour que l'air y puiſſe circuler, ſont en effet les corps qui communiquent plus de chaleur. Par exemple, les éponges & tous les corps ſpongieux ſont les corps les moins froids. Le ſucre qui eſt auſſi un corps rempli de tubes capillaires, poſé ſur votre main, n'y occaſionnera pas la fraîcheur d'un autre ſel, où il n'y aura pas d'interſtices capillaires. Prenez ce morceau de pain : mettez-le ſur votre joue du côté de la mie, à peine éprouvez-vous de la fraîcheur ; poſez-le du côté de la croûte, & cette croûte qui contient moins d'interſtices capillaires, vous paroîtra bien plus froide. Enfin, plus une étoffe contient d'interſtices capillaires, plus elle vous échauffe. Une étoffe cardée vous procure plus de chaleur qu'une autre non cardée, & qui ſeroit cependant plus peſante. La chaleur augmente donc en raiſon de ce que l'on a augmenté les interſtices capillaires. Ces obſervations ſont très-ſimples ; elles n'en ſont pas moins convaincantes.

Ma foi, Monsieur, répondit le Physicien, si je n'avois pas la certitude du scepticisme, j'adopterois vos raisons. — Quelle est donc cette certitude, s'écria vivement Mirza ? — C'est, Madame, répliqua le Physicien, d'être certain que je doute de tout. — Ah, Monsieur, je vous plains, je crois que c'est un triste état, un état d'inertie. — Non, Madame, c'est l'état le plus sage que l'on puisse adopter, & le moins en bute aux sarcasmes. Pardonnez-moi, Monsieur le Physicien, interrompit Ormasis, c'est une maladie; c'est une vapeur à la mode, & vous avez trop de bon sens pour être incurable. Par exemple, doutez-vous que nous avons un excellent dîner ? — Non. — Doutez-vous que voilà quatre Dames aimables ? — Non, certes. — Hé bien, Monsieur, vous voyez donc qu'il y a des vérités qu'on ne peut révoquer en doute. — Fort bien, Monsieur le Philosophe; j'avoue que vous êtes pressant. Je m'occuperai avec plaisir de vos principes. Je vois qu'en réfléchissant aux loix des pesanteurs & aux différentes résistances, en raison des raréfactions de l'air, on pourroit former quelques raisonnemens certains sur le flux & le reflux. Je conçois pourquoi plus les corps se rapprochent, plus ils ont de tendance à se réunir. Or, je sais que la lune a son équateur incliné à l'équateur de la terre. Je sais qu'à l'équateur de la terre les corps s'y élèvent déja plus facilement, en raison des forces centrifuges qui diminuent leur gravité, & je vois précisément que c'est entre ces deux points du plus grand rapprochement de la terre & de la lune, que s'opère l'élévation des eaux de l'Océan. Monsieur le Philosophe, vous me suggérez de bonnes idées. Je veux faire un mémoire sur le flux & le reflux, qui concoure entiérement à l'explication que nous a déja donnée un grand homme; mais je rendrai sensible son mécanisme de l'attraction, sans cependant m'écarter de ses principes. Je vous y exhorte, répondit Ormasis. J'applaudis d'avance à votre projet, & vous travaillerez au moins à guérir des septiques en cette partie, dont l'état est absolument désespéré; mais Monsieur le Physicien, n'oubliez-pas aussi quels sont les effets de la lumière sur tous les corps.

Fort bien, disoit en lui-même le Chymiste, c'est la lumière, c'est son agent, c'est mon *acidum pingue* qui joue le principal rôle dans tous ces phénomènes. Je m'en doutois. — A merveilles, disoit de son côté le Docteur Fixoventi, j'étois bien assuré que *l'air fixe* expliqueroit un jour l'origine de l'attraction. L'on va voir quel fut le succès de leurs idées.

CHAPITRE XVI.

Fatmé étoit placée entre Ormasis & le Docteur. Elle profita de l'instant où ce dernier débitoit une exorde inutile à son système. J'ai compris, dit-elle tout bas au Philosophe, & vous nous avez en effet annoncé, que plus les corps s'approchent l'un de l'autre, plus ils ont de tendance à se rapprocher. Je crois que vous vous trompez, mon cher Philosophe. A l'instant même, pour vous offrir de cette pâtisserie, je m'étois entiérement panchée vers le Docteur, & j'étois alors bien plus éloignée de vous ; cependant il s'en faut bien que j'aie senti une plus grande tendance à me rapprocher de lui. — Charmante Fatmé, c'est une preuve que le moteur de vos organes divins n'est point assujetti aux loix ordinaires des pesanteurs.

Enfin, disoit le Docteur, cette substance merveilleuse qui produit toutes ces métamorphoses, c'est l'air fixe. C'est par le secours de cet air fixe que nous avons imité l'eau de la mauvaise montagne. Si le métal se calcine au feu, c'est parce qu'il se charge d'air fixe. Si la pierre à chaux se calcine au feu, c'est parce qu'elle y perd ce même air fixe. Rien de plus conféquent. Et ce n'eft nullement à la perte & à la reftitution des parties aqueufes, que font dûs les effets de la chaux vive, ainfi que l'avoient penfé quelques bonnes gens.

Docteur, répondit Nadir, comme je fuis un de ces bonnes gens, attachés quelquefois à de vieux fyftêmes, dégagez-moi, je vous prie, de cette fervitude, par des nouveautés. D'abord je n'ai jamais bien compris ce que vous entendez par air fixe. Qu'eft-ce que l'air fixe? — L'air fixe, Monfieur; c'eft un air combiné dans les pores ferrés d'une fubftance, & qui ne peut s'en échapper que très-difficilement. — Oh, je vous entends. Ce que vous appellez air fixe, n'eft donc pas plus fixe que tous les airs du monde. C'eft de l'air comprimé, refferré dans un corps. A la bonne heure. Il y a long-tems que nous connoiffons ce que c'eft que l'air comprimé & l'air libre. Nous favons auffi que cet air comprimé dans un corps peut s'en échapper, lorfque les pores de ce corps font ouverts par la chaleur & devenir air libre. Tout cela n'eft pas nouveau. — Pardonnez-moi, Monfieur. Songez donc que l'air fixe a toujours fa qualité d'air fixe, qu'il paffe à la vérité d'un corps dans un autre, mais qu'il communique à cet autre corps des qualités particulières. Par exemple, lorsqu'on jette de l'huile de vitriol sur de la pierre à chaux, l'air fixe qui se dégage, & que l'on reçoit (par le moyen d'un appareil) dans de l'eau commune, ne communique-t-il pas à cette eau une qualité aërienne ? Cette eau n'est-elle pas toute pareille à celle de la mauvaise montagne ?

Grasacido qui se mordoit déja les lèvres de fureur, n'y put pas tenir. Parbleu, dit-il, si l'on veut une eau bien impregnée d'air, il n'y a pas tant de façons, il suffit d'attacher au tamis d'un moulin une bouteille d'eau remplie aux deux tiers. L'air qui galopoit dans l'atmosphère, & que l'on a enfermé dans ce vase, pénétrera l'eau par le mouvement, & s'y engagera en partie. Mais encore, ce prisonnier en s'évadant, renoncera bientôt au titre pompeux d'air fixe. Quoiqu'il en soit, l'aréomètre indiquera l'instant où cette eau sera plus salutaire que celle qui résulte de tous vos préparatifs.

Monsieur, reprit vivement le Docteur, je vous prie de ne pas m'interrompre. C'est au Maître de la maison à qui j'adresse la parole. — Hé bien, mon cher Docteur, répondit Nadir, je ne saisis peut-être pas encore votre idée; mais voilà ce que m'annonce cette expérience. Je crois que la chûte de l'acide vitriolique dans les pores de la pierre à chaux occasionne des frottemens, & par conséquent de la chaleur. Je crois que cette chaleur divise les parties d'air & d'eau contenues dans cette pierre à chaux, d'où résulte la dilatation & les écarts nommés effervescence, & par conséquent l'élévation des vapeurs. Tout cela est fort simple. Il est possible que l'eau se charge d'une plus grande quantité d'air qu'elle n'en contenoit. A la bonne heure. Mais je n'en induirai pas que ce soit de l'air fixe, ou qu'il y soit fixé. J'assurerai que cet air est de la même qualité que celui de l'atmosphère, & que par le mouvement rapide de l'effervescence, il aura pu entraîner avec lui quelques sels séléniteux ou acides, & si j'observe que l'eau dans laquelle les vapeurs se feront condensées rougisse la teinture bleue du tournesol, je n'en concluerai pas que ce soit de l'air fixe réuni avec l'eau qui forme les acides.

Mais enfin, répartit le Docteur, vous ne vous rappellez donc pas cette expérience qui a fait tant de bruit. On met dans une retorte trente onces de pierre à chaux, on y adapte un récipient tubulé, mais la tubulure est exactement fermée. On pousse le feu. Et cependant l'on ne peut obtenir qu'une once & demie d'eau. Ce n'est qu'en ouvrant la tubulure du récipient, que l'on l'on entend s'échapper avec sifflement un fluide élastique pesant treize onces. Ce fluide élastique est l'air fixe, & s'il ne s'étoit pas échappé, la pierre à chaux ne se seroit jamais convertie en chaux vive. Ce n'est donc point la privation de l'eau, mais la privation de l'air fixe qui forme la chaux vive. Ceci est-il concluant ? — Point du tout, mon cher Docteur. Voici en termes fort simples le résultat de votre opération. La pierre à chaux contient de l'air, mais elle contient essentiellement une très-grande quantité d'eau. Or, quand les vases sont bien fermés, pourquoi ne passe-t-il dans la distillation qu'une foible quantité d'eau ? C'est parce que les vapeurs en refluant empêchent l'évaporation des dernières parties aqueuses, qui ont toujours propension à se combiner avec la pierre à chaux qui est dans la retorte. Mais aussi-tôt que l'on ouvre la tubulure, ces mêmes vapeurs en s'échappant, font place aux autres vapeurs qui s'échappent aussi. Je ne vois dans cette expérience que celle de l'éolipile, dont l'eau raréfiée par un feu violent, s'échappe avec des sifflemens, quoiqu'elle ne contienne pas une très-grande quantité d'air.

En vérité, s'écria Grafacido, je ne sais comment il ose remettre au jour une expérience dont je lui ai tant de fois démontré l'inconséquence.

L

Le Docteur feignit de ne pas entendre. Non, je ne crois point, poursuivit Nadir, que dans trente onces de pierre à chaux, il y ait douze onces & demie d'air sur demi-once d'eau. Je crois au contraire que ce doit être douze onces & demie d'eau sur demi-once d'air. En effet, si un demi-gros d'air comprimé dans une canne à vent, cause de si fortes explosions lorsqu'on lui donne quelque issue, comment concevoir que douze onces d'air comprimées dans trente onces de pierre, ne feroient pas des explosions lorsqu'on casseroit quelques morceaux de cette pierre. Mais, dira-t-on, cet air a perdu son ressort. Comment se peut-il faire qu'un *fluide élastique*, prêt à s'échapper au moindre feu, n'ait point de ressort?

Le Philosophe causoit avec Fatmé, & prêtoit cependant l'oreille aux raisonnemens de son Élève. Mon cher Ormasis, lui demanda Nadir, quel est votre sentiment sur la formation de la chaux vive?

J'avoue, répondit Ormasis, que je suis à cet égard du sentiment le plus antique. Je crois que la privation de l'eau est le caractère essentiel qui constitue la chaux vive. Lorsqu'on trempe de la chaux dans l'eau, la réunion très-subite de l'eau avec la chaux, par une infinité de tuyaux capillaires, occasionne de la chaleur : tel est l'effet invariable des frottemens rapides; cette chaleur dilate quelques parties d'air, & cet air augmenté subitement de volume, occasionne l'écart des parties résistantes. Rien de plus naturel. Mais lorsque la chaux vive est simplement exposée à l'air, un peu chargé de vapeurs, elle redevient pierre à chaux, lentement, sans chaleur & sans bruit: pourquoi? Parce qu'elle se charge d'eau peu à peu, & que les frottemens y sont moins rapides. Tous ces principes me paroissent conséquens.

Mais enfin, Monsieur le Philosophe, répliqua le Docteur, vous savez que la chaux rend les sels alkalis plus caustiques, à quoi attribuerez-vous ces effets? — A quoi, Monsieur. A des causes naturelles. Aux changemens des formes salines qui résultent de cette réunion, tels, par exemple, que des angles plus tranchans.

Ah, Monsieur, interrompit Grasacido, vous ne croyez donc point que c'est l'*acidum pingue* qui forme le *causticum*. Faites-donc attention, je vous prie, que mon *acidum pingue* est l'agent de la lumière, celui qui la porte par-tout. — Un moment, Monsieur le Chymiste, un moment. Vous êtes trop éclairé pour ne pas reconnoître que cet agent de la lumière doit être composé des parties les plus volatiles & les plus mobiles de la nature. Cependant votre mot *acidum* n'annonce pas ces effets. Premièrement, le terme d'acide désigne une substance saline qui n'est pas des plus volatiles. En second lieu, les acides vus au microscope, nous présentent un assemblage de petites pointes, & cette forme n'est sûrement pas la plus favorable au mouvement.

Cette observation fit quelque impression sur l'esprit du Chymiste. Je conviens, dit-il, que j'aurois dû prendre un autre nom, par exemple, le *circulum pingue*. Oui, le *circulum pingue*, ce nom seroit bien plus majestueux, bien plus intéressant; car, à vrai dire, l'*acidum pingue* ne signifie que du soufre, & ce terme n'est pas neuf. Mais je réfléchis..... Ce *circulum pingue* n'auroit plus des *latus* différens. Il faudroit que ses effets fussent uniformes dans toutes les expériences, & cela ne s'arrangeroit plus selon l'ordre de mon système, dont la vérité est d'ailleurs entièrement démontrée. Car enfin.....

Paix donc, Monsieur, paix donc, s'écria le Docteur. Votre *acidum pingue*, malgré ses *latus*, n'a pu se soutenir, & a été noyé dans l'expérience suivante. Vous allez voir, dit-il à Ormasis, si cette expérience n'est pas victorieuse en faveur de l'air fixe. On a mis du plomb sous une cloche de verre renversée & enfoncée dans de l'eau, on a ensuite calciné une partie de ce plomb avec le miroir ardent. L'eau qui s'étoit élevée dans la cloche pendant l'opération, y est restée toujours élevée. Il est donc évident que le métal, en se calcinant, a pompé ou absorbé une quantité d'air, équivalente au volume d'eau qui s'est élevé. Au contraire, quand sous la même cloche on a rappellé le plomb à son état métallique, l'eau s'est abaissée sensiblement, preuve certaine que le plomb a restitué l'air qu'il avoit absorbé. Ceci est sans replique.

Le Docteur avoit prononcé ces derniers mots avec le ton le plus imposant. Il triomphoit. Grasacido étoit dans l'embarras, & feignoit d'être distrait. Nadir lui-même paroissoit frappé de cette expérience, lorsque le Philosophe prit la parole : Monsieur le Docteur, votre expérience est fidèle, j'en conviens ; mais votre explication l'est-elle ? Voulez-vous que je vous fasse part de la mienne ? — Volontiers, Monsieur, mais je suis persuadé que..... — Je vous entends. Hé bien, vous aurez le plaisir de me critiquer. D'abord ne convenez-vous pas que l'air de l'atmosphère contient une quantité de sels & de molécules terreuses ? — Oui, Monsieur. — N'est-il pas encore démontré que plus un fluide est raréfié, moins les corps étrangers se soutiennent dans ce fluide ? — Oui, Monsieur. — En ce cas, lorsque l'air est raréfié par la chaleur, ne doit-il pas laisser précipiter les parties salines & terreuses qui s'y trouvent disséminées, & qui ne forment plus alors pesanteur spécifique avec lui ? — Oui, Monsieur, cela est conséquent. — En ce cas, Monsieur le Docteur, les pores d'un métal étant ouverts par la chaleur, n'est-il pas évident que les sels qui se précipitent dans les pores de ce métal, peuvent y causer des écarts, des divisions, enfin ce qu'on nomme calcination ? — Oui, Monsieur, j'avoue que cela est possible; mais pourquoi l'eau s'élève-t-elle dans notre cloche de verre lorsqu'on y calcine ce métal ? — Rien de plus naturel. C'est parce que la portion d'air renfermée dans la cloche, étant privée de ses molécules salines & terreuses, ne pèse plus autant sur la surface de l'eau. — Ma foi, reprit le Docteur, je serois tenté de croire...... Mais non ; cela est trop simple. D'ailleurs, lorsqu'on expose sous cette même cloche de verre du charbon en poudre avec le métal calciné, pourquoi l'eau s'abaisse-t-elle en même-tems que ce métal calciné reprend son état métallique ? — C'est parce que les matières salines que contient le métal calciné, s'unissant avec une plus grande quantité de phlogistique, deviennent plus volatiles, alors elles s'élèvent dans la cloche. Alors l'air de la cloche, chargé de ces sels, exerce une pression plus considérable, & fait baisser la surface de l'eau. Croyez-vous, Monsieur le Docteur, que ces principes chymiques & physiques ne soient pas plus satisfaisans que la supposition d'un air condensé par la chaleur.

Grasacido avoit repris courage, & plus attentif alors à renverser le système de son Adversaire qu'à bien établir le sien : Ce n'est pas tout, dit-il à Ormasis ; non-seulement on prétend fixer de l'air dans un corps par le secours de la chaleur, mais on prétend encore qu'il devient volatil par l'augmentation de ce même secours. Ah, Monsieur le Philosophe ! Jugez. Quelle physique ! On a cependant été obligé de donner dans de telles balourdises, pour adapter à ce système l'expérience du mercure enfermé dans un vase, qui perd & reprend successivement sa fluidité par les différens degrés de feu. Cette expérience a mis l'air fixe à l'agonie.

Et vous, reprit le Docteur furieux, comment avez-vous ajusté vos flancs, vos *latus*, pour donner les raisons de cette expérience ? C'est, par exemple, votre explication à cet égard qui est pitoyable.

Messieurs, Messieurs, leur dit le Philosophe; vous avez tous deux des talens. Je suis sûr que vous vous estimez. Il n'est donc question que de vous entendre. N'y auroit-il pas moyen de vous concilier? Monsieur le Chymiste, lorsque nous aurons raisonné quelque tems ensemble sur le phlogistique, vous verrez qu'il est inutile d'admettre un *acidum pingue*, & vous reconnoîtrez avec le Docteur, que l'air agit beaucoup sur tous les corps. Vous, Monsieur le Docteur, sans recourir à l'existence d'un air fixe, d'un air particulier, qui seroit, pour ainsi dire, un nouvel élément, vous aurez raison d'assurer que l'air est un des grands moteurs de la Nature, mais vous reconnoîtrez avec ce Chymiste, que la lumière agit puissamment sur tous les corps.

Grafacido écoutoit Ormasis avec considération. Le Docteur plus rebelle, s'emporta contre le Philosophe. Monsieur, répondit tranquillement Ormasis, je ne cherche qu'à m'instruire, & si vos avis peuvent augmenter mes foibles lumières, dussiez-vous me les donner avec humeur, ils ne m'en seront pas moins précieux. Hé bien, Monsieur, reprit le Docteur un peu humilié, expliquez-moi donc comment le mercure calciné par la chaleur peut reprendre sa fluidité par l'augmentation de la chaleur? — Rien de plus simple, mon cher Docteur, c'est que la percussion de la lumière étant plus forte, enlève alors les sels qui étoient tombés dans le mercure. Ceci vous paroît peut-être contradictoire : mais voici une expérience très-simple & applicable à cet objet. Jettons dans de l'eau froide des petites boules de bois un peu plus légères que l'eau, elles flotteront sur cette eau froide. Si nous faisons chauffer l'eau, elles se précipiteront au fond, parce que l'eau dilatée par la chaleur, sera devenue spécifiquement plus légère que les boules. Mais si nous faisons bouillir cette eau, alors une percussion proportionnellement plus considérable que la dilatation de l'eau, élèvera ces mêmes boules. Vous me comprenez, mon cher Docteur ? Faites vous-même l'application de cette expérience, & réfléchissez en même-tems, que si l'eau ne peut jamais être condensée par la chaleur, la même loi doit exister pour les autres fluides de la Nature. Au reste, je ne prétends pas à cet égard vous faire adopter mes principes. Je vous demande seulement l'explication des vôtres. — Mais enfin, Monsieur le Philosophe, repartit le Docteur, comment n'être pas séduit par ces expériences admirables sur l'air fixe qui tue les animaux ? Toutes ces petites souris étouffées par l'air fixe d'une chandelle, ces plantes, & ce lavage à l'eau qui corrige cet air, tout cela n'est-il pas merveilleux? — Mon cher Docteur, pour répondre à ces expériences du prétendu air fixe, air fixe auquel on a été obligé ensuite d'accorder des distinctions salines, voici une scène dont je fus un jour témoin.

J'étois chez un Savant. C'étoit un de ces hommes sensés qui méditent avec sang froid, & qui ne se livrent jamais aux transports de l'enthousiasme. Arrivent deux fameux partisans de l'air fixe. Notre cher rêveur (c'est ainsi qu'ils l'appeloient) nous venons vous annoncer des vérités aussi belles qu'extraordinaires. Nous avons trouvé que les vapeurs du charbon, les gas silvestres, les mofettes des mines, les vapeurs des fermentations ne proviennent que de l'air fixe. Sur le champ ils l'entraînent dans son cabinet de Physique. Ils font des expériences: ils raisonnent. Mon homme regarde tranquillement les expériences; dit qu'il n'apperçoit rien de nouveau, & rêve en silence. Ils s'impatientent, ils le pressent de s'expliquer. Messieurs, répond-il, je réfléchis à la multiplicité immense d'odeurs résultante des plantes & des fleurs, & ne pouvant attribuer cette variété odoriférante aux seules proportions de votre air fixe, je m'en tiens donc à des idées plus simples. Je conçois que toutes les odeurs quelconques ne sont que le contact des émanations des corps mêmes qui viennent frapper notre odorat, car tous les sens se réduisent à un seul, qui est le toucher. Je conçois, par exemple, que l'air est le véhicule de ces émanations. Je conçois que cet air est plus ou moins chargé de ces émanations. Je conçois que ces émanations peuvent avoir une variété infinie de formes, & occasionner par conséquent une diversité considérable de sensations. Je conçois que des émanations étant très-phlogistiquées, peuvent tuer l'animal qui les respire, parce que le phlogistique en mouvement, aspiré par un animal, pénètre aisément les pores du poumon, & donne une telle activité à la circulation du sang, qu'enfin il se décompose lorsqu'on n'y apporte pas un prompt remède. Je conçois encore que l'animal frappé de ces émanations, étant exposé promptement à un courant d'air libre, reçoit du soulagement, non-seulement de l'air, mais des vapeurs aqueuses contenues dans l'air, & assez divisées pour pénétrer dans les pores du poumon, & diminuer le mouvement du phlogistique. Je conçois par cette même raison que l'air agité avec de l'eau, perd sa qualité malfaisante, parce que l'eau diminue les mouvemens du phlogistique, & que d'ailleurs la plûpart de ces émanations s'y trouve condenſée ou changée de forme. L'exudation des plantes peut produire encore les mêmes effets. Je conçois donc que ce que vous nommez air méphitique, ſont des petits corps émanés de différentes ſubſtances. Pluſieurs Savans les appellent des miaſmes. Je les appelle émanations, cela revient au même, ne nous occupons point des mots. Je conçois que l'air chargé d'une quantité de ces émanations, eſt ce qu'on appelle l'air peſtilentiel. Je conçois que les perſonnes d'un tempérament humide, & dont le ſang & les humeurs ſont plus acidules, ſont moins ſujettes aux maladies mortelles qui en réſultent. Je conçois auſſi que les acides corrigent promptement cet air contagieux, parce qu'ils tempèrent le mouvement du phlogiſtique & arrêtent ſes effets.

Voici un exemple très-ſenſible. Le ſoufre en maſſe n'eſt autre choſe que le phlogiſtique, dont le mouvement eſt affoibli par un acide. Frottez une roſe avec du ſoufre, elle ne change pas de couleur, mais auſſi-tôt que le ſoufre eſt réduit en vapeurs, le phlogiſtique qui s'en dégage, blanchit promptement cette roſe, & une preuve que cet effet provient du phlogiſtique, c'eſt qu'en frottant de nouveau cette roſe avec un acide, les endroits frottés reprennent la couleur rouge.

SANS PRÉTENTION.

Cependant croyez bien que ce phlogistique qui se dégage, est encore adhérent à des parties acides; s'il n'y en avoit pas, l'air qui contient ces émanations seroit bien plus dangereux à respirer. Nous en avons la preuve par les foies de soufre, où une plus grande quantité d'acide, se trouvant engagée dans un alkali, la vapeur qui s'en exhale en un lieu un peu échauffé est entièrement mortelle. Je conçois enfin, Messieurs, par des expériences convaincantes, & plus encore par l'évidence du raisonnement, le vrai principe des effets que vous prétendriez m'expliquer par un effet plus incompréhensible que les effets, c'est-à-dire, par votre air fixe. Ainsi, permettez-moi de ne pas croire que la chaleur puisse condenser l'air qui est dans un vase, le pelotonner dans un corps, & y former une substance invisible, & cependant aussi pesante que le seroit votre air fixe. Et si, selon vous, ce sont des erreurs de croire que jamais la chaleur ne pourra condenser de l'air, laissez-moi mes erreurs.

Savez-vous, mon cher Docteur, quelle fut la réponse des partisans de l'air fixe. Ils se regardèrent entr'eux. Avouons, dirent-ils, avouons de bonne foi, que les mots d'*air fixe* & de *fluide élastique*, n'étoient que les expressions animées d'un agréable délire.

Je conviens, dit le Docteur que si je renonçois à l'air fixe, j'adopterois vos idées, mais non pas celles de Grasacido. Et moi je conviens, répliqua Grasacido, que si je renonçois à mon *acidum pingue*, j'adopterois entièrement les idées de Monsieur, mais jamais les rêveries de Fixoventi. — Des rêveries, reprit le Docteur; il sied bien à un..... Comment vis-à-vis de moi, un Docteur..... votre Supérieur...... — Vous, repartit Grasacido, je ne connois d'autre Supérieur au monde, que celui qui est plus savant que moi.

Doucement, doucement, Messieurs, interrompit Ormasis. Voilà des femmes aimables qui ne s'amusent peut-être pas ni de l'*acidum pingue*, ni de l'*air fixe*, ni du *phlogistique*. Admirons ces mains charmantes, qui vont faire sauter les bouchons de ce Champagne. En effet, Mirza, Fatiné, Laure & Sophie, attaquoient chacune leur bouteille, elles s'entendirent si bien, que les quatre coups partirent en même-tems. Cette liqueur pétillante a plus de vertus que l'on ne pense. O! Mahomet, vous qui défendites le vin aux Musulmans, pour avoir été le témoin d'une scène sanglante, dont il fut la cause, que n'étiez-vous présent à ce dîner. Cette défense auroit été retranchée de votre Alcoran.

Le croiroit-on. Le Docteur & Grafacido se réconcilièrent de bonne foi, & se jurèrent une amitié éternelle. Telle fut l'époque de ce raccommodement.

Le vin mousseux s'échappoit à grands flots. J'avoue, dit le Docteur, en regardant ces effets, que voilà de l'air fixe, devenu bien élastique. Ah, convenez, répondit Ormasis, que la lumière seule a pu pénétrer ces bouteilles depuis qu'on y a enfermé le vin, & que c'est donc la percussion de la lumière qui a divisé, dilaté l'air, d'où résulte actuellement cette effervescence. Je crois en effet, dit le Docteur, après avoir bu le verre de vin qu'on lui avoit présenté, je crois que la lumière agit sur tous les corps, & qu'elle joue un grand rôle dans les fermentations. Je vois aussi, répliqua Grafacido, je vois que l'air agit dans une infinité d'opérations. — Hé bien, repartit le Docteur, après avoir sablé un second verre de vin, nous ne disputons donc que sur des mots. — Ma foi, répondit Grafacido, je crois que nous devons être honteux de nos disputes. — Hé bien, mon cher Grafacido, dit le Docteur en prenant un troisième verre, il est un moyen de nous raccommoder. — Oui, répondit Grafacido, en lui faisant raison, c'est d'oublier tout ce qui s'est passé. A votre santé.

— A la vôtre. Mais, mon Ami, continua le Docteur, nous oublions de boire à la santé de nos Bienfaitrices, qui nous servent avec tant de générosité. — C'est vrai, reprit Grasacido. Mesdames, acceptez nos remerciemens. Et le quatrième verre avoit déja succédé.

On ne sauroit se figurer le plaisir qu'éprouvoient non-seulement les femmes de Nadir, mais le Physicien, Nadir & Ormasis lui-même, en voyant la scène divertissante qui se présentoit. Ces femmes enjouées servoient avec empressement ces deux athlètes de Bacchus, & avoient soin de ne jamais laisser leurs verres vuides. Ah, s'écria le Docteur, Mesdames, il y a sûrement de l'entreprise, mais, n'importe ; comment résister à l'impulsion d'un beau bras ?.... L'air le plus privé de son ressor redeviendroit bientôt élastique. Et, ajouta Grasacido, ces yeux ne sont-ils pas les premiers agents de la lumière ? Vis-à-vis de ces yeux mon *acidum pingue* n'est qu'un sot.

Ma foi, dit le Docteur en sablant un nouveau verre de vin, nous étions de grands foux, moi avec mon *air fixe*, & vous avec votre *acidum pingue*. J'en conviens, répondit Grasacido, mais on a certaines idées.... Ensuite il faut les soutenir..... Une certaine réputation...... Vous m'entendez....

SANS PRÉTENTION.

m'entendez..... A votre fanté mon cher Supérieur. Comment, mon Ami, reprit le Docteur, vous vous fouvenez...... C'étoit pour plaifanter au moins, &..... — Moi, repartit Grafacido, je n'ai pas de rancune. — Buvez-donc à ma fanté. — D'accord. — Mon cher Docteur, il faut être franc quand on eft Ami. Hé bien, votre air fixe étoit réellement une chofe fupérieure, quoique j'aie dit cent fois que vous n'étiez qu'un Charlatan. — Et moi, mon cher Grafacido, dans le fond de mon ame j'ai trouvé admirable l'invention de l'*acidum pingue*, quoique j'aie dit cent fois que vous n'étiez qu'un imbécille. Tenez..... Suppofons..... J'ai l'air fixe dans mon verre. Vous avez, vous, l'*acidum pingue*. Changeons de verre. Voyez combien je vous eftime. Je l'avale..... Jamais je n'en ai bu de fi bon. — Ah! mon Ami, dit Grafacido, quelle courtoifie! Parbleu, continua-t-il, en fe levant & en retombant auffi-tôt fur fa chaife, je veux vous embraffer. Et moi auffi, répondit le Docteur, en faifant la même cérémonie. — Cela eft fingulier, reprit Grafacido, l'on eft fi bien ici qu'on y tient. Ce font de douces chaînes.... Savez-vous chanter, mon Ami. — Non, répondit le Docteur, on a prétendu qu'un Savant ne doit pas chanter, & que la gravité........ Mais, les corps font graves ici, continua-t-il, en faisant de nouveaux efforts pour se lever, que diable.... — Qu'avez-vous donc, Docteur? — Vous embrasser, mon Ami.

Ces deux Amis étoient l'un vis-à-vis de l'autre. Ils se soulevèrent assez pour se prendre la main & se quitter presque aussi-tôt. Ce transport d'amitié brisa les deux verres qui étoient devant eux. Ce malheur fut bientôt réparé. Ah ! dit le Docteur, ce sont les deux œufs de Castor & Pollux ; notre amitié éclose dont... ces... Dames... sont... les soleils.... vivifiants.... Tu vois, mon Ami, que je sais ma fable. Oui, vraiment, répondit Grafacido, j'aime sur-tout cette sarabande Turque dont tu as fait les paroles. Ah! oui, repliqua le Docteur, oui ... oui.... Attends.... C'étoit une certaine femme fort belle, à qui je déclarois avec majesté ma passion languissante :

O vous qui me brûlez d'une brillante flamme
Vous avez l'éteignoir, prêtez-le moi, Madame.

Conviens que cela est beau...... La brillante flamme, l'éteignoir. Je ne vais pas chercher, moi, pour versifier, tous ces dieux inconnus de la fable. Non, j'aime bien mieux des choses qu'on trouve ordinairement sous sa main.......

Des éteignoirs..... Comme cela est naïf. Oui, répondit Grafacido, des éteignoirs, admirable. Ah ! mon cher Ami, que vous êtes un grand Poëte. Je veux, moi, vous jouer un air de clavecin. Mais, continua-t-il, en se levant de nouveau, je veux que nous nous embrassions.

Grafacido se soulève & retombe. Mais en retombant un peu trop en avant sur son fauteuil, il glisse, & se trouve étendu sous la table, sans se faire aucun mal. Au même instant le Docteur cherchant à embrasser son Ami, suit la même ligne de direction, & se trouve amicalement à côté de lui. On se préparoit à les relever, mais Nadir s'appercevant qu'ils s'endormoient déja de bon accord, donna ordre que l'on glissa sous eux des carreaux, & pendant qu'ils cuvoient tranquillement l'*air fixe* & l'*acidum pingue*, la Compagnie fut se promener dans les jardins.

CHAPITRE XVII.

EN vérité, disoit Mirza, nous ne pouvions jamais desirer une réconciliation plus amusante, mais mon cher Philosophe, vous y avez beaucoup de part. Lorsque deux personnes ne sont point d'accord, je crois que le meilleur moyen de les réunir, c'est de leur donner également des torts & des éloges. — Je crois, Mesdames, répondit Ormasis, qu'un véhicule spiritueux présenté par les graces, produit encore plus d'effets. — Oui, repartit le Physicien; d'ailleurs ces deux Savans sont d'un Pays, où le froid & les brouillards ont rendu ce véhicule nécessaire. Comment avec cette habitude primitive n'auroient-ils pas livré leur raison aux efforts de la beauté? — Ah, je vous jure, interrompit Nadir, que leur dernière conversation étoit très-raisonnable. — Mon cher Nadir, reprit Ormasis, ne battons point les gens à terre. Ils ont du mérite, & s'ils sont de bonne foi dans leurs opinions, pourquoi les blâmer. Je n'ai disserté avec eux, que pour me défendre d'adopter leurs idées; mais si, d'après mes réflexions, ils persistent dans leurs systêmes, & si cet entêtement, bien ou mal fondé, est pour eux une senfation de plaifir, ne les en privons pas. — D'accord, répondit Nadir, mais mon cher Ormafis, vous ne nous empêcherez pas de juger entre vous & eux. Quand, par exemple, Fixoventi nous affurera que ce font les plantes en vigueur qui corrigent le mauvais air, & le rendent falubre, quand cette prétendue découverte émerveillera toutes les Compagnies favantes de l'Univers, nous réfléchirons, nous autres, que dans notre climat, où les plantes font en vigueur pendant toute l'année, on y éprouve précifément beaucoup plus d'air contagieux que dans les pays du Nord, où les plantes ne fubfiftent que quelques mois; mais nous ne donnerons pas pour cela dans un fyftême oppofé. Nous obferverons fimplement, que dans les Pays froids, il y a plus de chute d'eaux ou de neiges, que dans les nôtres, plus de condenfations, moins de phlogiftique, & moins d'émanations dangereufes. Voilà, mon cher Ormafis, la conféquence de vos principes, & nous les adoptons par préférence. N'eft-il pas vrai, Monfieur le Phyficien ? — Certainement, Monfieur.

Je ne fais, continua le Phyficien, fi Monfieur le Philofophe a fait autrefois fes Cours de Chymie & de Phyfique, mais il a laiffé bien loin de lui tous les harnois de l'école. — Oui, répondit Ormafis, mais j'ai confervé les principaux guides.

Tandis que les femmes de Nadir marchoient un peu en avant, & faifoient des réflexions avantageufes fur le compte de leur nouvel Hôte. Tandis que la fenfible Fatmé jouiffoit du double plaifir de louer & d'entendre louer ce qu'elle aimoit, on vint avertir Ormafis que deux Efclaves venoient de lui apporter une caiffe. Cela fuffit, répondit-il, je vais les rejoindre. Mon cher Nadir, continua-t-il, en le tirant un peu à l'écart, un Voyageur comme moi n'a pas beaucoup de meubles : fi vous voulez que j'ufe librement des vôtres, acceptez la clef de cette caiffe. Ordonnez qu'on la dépofe dans votre appartement. Elle eft à vous. Il faut que je me rende à mon Caravanferail, & que je difpofe quelques préparatifs pour notre promenade noƋurne. Sans adieu.

Fatmé qui regardoit de tems en tems derrière elle, s'apperçut la première du départ d'Ormafis. Le Phyficien lui apprit qu'on étoit venu le demander. Nadir en s'approchant de Mirza, lui recommanda de s'écarter un peu avec la chère Fatmé, parce qu'il avoit quelque chofe à leur communiquer. L'occafion devint très-favorable.

Sophie venoit de faifir fur une rofe un papillon,

dont les couleurs étoient charmantes. Le Physicien avoit précisément un microscope d'un effet surprenant. On y exposa ce papillon. Bientôt une petite chenille qui s'agitoit sur une feuille d'anémone, fut un nouveau sujet d'examen. Laure & Sophie se firent ensuite un plaisir de passer en revue d'autres objets au microscope, car cet instrument présente sans cesse des nouveautés. Le Physicien leur expliquoit en même-tems la manière d'élever les larves des papillons, & quelles précautions il falloit prendre à l'égard des chrysalides. Tous ces objets sont dignes d'être discutés, & tel homme qui traite ces observations de petits points de vûe, ne réfléchit donc pas qu'il n'est rien de petit dans la Nature.

Mirza & Fatmé profitèrent de ce moment & suivirent Nadir. Il avoit fait apporter la caisse d'Ormasis dans son appartement. Voici, leur dit-il, un présent que notre Ami m'a offert: il exige que je l'accepte. Il m'en a remis la clef. — Donne-la moi, répondit Mirza, laisse-moi le plaisir d'ouvrir.... Mais, non, je t'en priverois. Si cependant Fatmé vouloit.... Fort bien, reprit Fatmé, allons petite curieuse, tu serois bien fâchée si j'acceptois. Dépêche-toi. Mirza ouvrit promptement la caisse. Voilà, dit-elle, beaucoup de sable à retirer. Aide-moi donc, Nadir. Vois ces jolis cailloux transparens. O ciel! s'écria Nadir, c'est un présent de Souverain. Non, Ormasis, je ne l'accepterai pas. Mes Amies, voici au moins huit cens marcs de poudre d'or. Ces cailloux, ce sont des pierres précieuses encore brutes. Voilà plusieurs diamans de la plus grande beauté. Non, je ne l'accepterai pas. — Pourquoi donc, répondit Fatmé, dont l'émotion étoit inexprimable? Mon cher Nadir, l'homme qui fait de tels présens, est sûrement en état d'en offrir encore de pareils. — Tu as raison, ma chère Fatmé, repartit vivement Mirza; accepte, accepte, mon Ami, ce qui t'est présenté. Je suis comblée de joie. Ah! Nadir, conçois-tu le plaisir de n'être plus obligés de calculer nos bienfaits. — Sur le champ, Nadir embrassant ses Amies, je cède, dit-il, à vos raisons, mais quelle reconnoissance pourra jamais compenser..... Oui, je l'accompagnerai dans ses recherches. Je le dois. Mais je suis bien éloigné d'en désirer le succès. Cette machine électrique qu'il veut composer, ne pique plus ma curiosité, n'échauffe plus mon imagination. Qu'il reste avec nous. Tous les mondes ne sont-ils pas proportionnellement égaux? Le bonheur & le malheur existent par-tout, & s'il peut devenir heureux avec ... pourquoi s'exposer à des dangers....., — Quoi, s'écria la tendre

Fatmé, se peut-il.... Non, je suis tranquille. Je ne crois pas qu'un homme aussi aimable cherche à en imposer à une femme qui, de bonne foi....

Fatmé en se taisant tout-à-coup, s'apperçut que son secret lui étoit échappé. Mon aimable Amie, lui dit aussi-tôt Mirza, ne te repens pas ; Nadir & moi nous t'avons devinée depuis ce matin. Nous avons aussi deviné notre respectable Ami. Juge combien il nous sera flatteur de le fixer avec tes chaînes. Je ne sais pourquoi j'éprouve tant de plaisir à songer à cette union. Écoute-moi, tu as sûrement de l'empire sur son cœur. Dissuade-le de poursuivre ses recherches. Fais-lui cesser ses Voyages dans les entrailles de la terre. Je ne veux point d'ailleurs que Nadir l'accompagne. Ah ! mon cher Nadir, s'il t'arrivoit quelque malheur. J'en frémis. — Mirza, ma chère Mirza, répondit Nadir, réfléchis un moment quels sont les devoirs de l'amitié, & conseille moi. Au reste, calme tes frayeurs, crois bien que notre Philosophe ne nous fera courir aucuns dangers. Je t'avoue que je suis curieux de voir les travaux de la Nature dans le sein de notre globe. Que j'aurai de plaisir à te raconter ce que j'aurai vu ! —Oui, interrompit Fatmé, mais Mirza ne doit-elle pas appréhender, comme moi, les suites de cette curiosité. Enfin, si Ormasis est dans le dessein de se fixer ici, je ne conçois pas pourquoi toutes ces recherches. Je suis résolue d'obtenir quelque éclaircissement. Mirza confirma Fatmé dans cette résolution, & elles furent avec Nadir rejoindre leurs Amies.

CHAPITRE XVIII.

Selim & Osman étoient arrivés. Les yeux de Laure & de Sophie les assuroient déja du succès de leur demande, mais bientôt ils eurent avec Nadir une conférence particulière qui combla leurs vœux. Le résultat fut, qu'ils s'engageroient de laisser à leurs nouvelles épouses toute la liberté qu'elles pourroient désirer; que renonçant à cet égard aux usages du Pays, ils suivroient en tout point l'exemple de Nadir; que dans le cas où leurs femmes auroient des sujets de se plaindre, & qu'elles persistassent pendant trois jours de suite à vouloir se séparer d'eux, ils n'auroient plus aucuns droits sur elles, & seroient forcés de les répudier, ce qu'ils jureroient d'observer par les ames de leurs pères, & par toutes les obligations possibles.

Selim & Osman aimoient de trop bonne foi, pour ne pas accepter ces conditions avec transport.

SANS PRÉTENTION. 187

D'ailleurs elles ne pouvoient que contribuer à leur propre bonheur. Souvent la crainte de perdre ce qu'on aime, entretient l'amour. Nadir leur promit donc que dès le lendemain il iroit devant le Juge satisfaire aux cérémonies d'usage.

Tandis que la sensible Fatmé & la tendre Mirza raisonnoient ensemble sur le voyage nocturne, & tâchoient de se rassurer mutuellement, un jeune Émir & un vieux Sangiac, Amis de Nadir, venoient d'arriver. La Compagnie se rassembla dans le sallon de musique. Ils étoient presque tous habiles Amateurs. Les femmes de Nadir avoient des talens en ce genre, & Nadir jouoit lui-même, avec succès, de plusieurs instrumens. Le Physicien vit que l'on se préparoit à concerter. Il n'étoit pas très-passionné pour la musique. Le son lugubre du monocorde le flattoit autant que la plus belle ariette. Il se retira chez lui, pour rêver en septique aux principes attractifs que peuvent occasionner les sons, étant en effet des percussions & répercussions de l'air agité.

Grafacido & le Docteur, après avoir dormi quelque tems, se réveillèrent, se regardèrent, méditèrent ensemble sur les grands évènemens de la vie, & calculèrent qu'ils seroient beaucoup mieux chez eux jusqu'au lendemain.

Déja trois heures s'étoient écoulées depuis le départ du Philosophe, & Fatmé chantoit précisément ce morceau harmonieux: *Cruel, tu me fuis, &c.* Elle le rendit avec l'expression la plus touchante. Mirza qui l'accompagnoit sur le clavecin, apperçut la première que le Philosophe entroit dans le sallon. Le voilà, dit-elle tout bas à son Amie. Aussi-tôt Fatmé, oubliant huit mesures, vint promptement à ce passage: *Ah, je le revois, &c.* Mirza sourioit. Les accompagnateurs avoient de l'humeur. Le vieux Sangiac pinçoit de fureur les cordes de sa basse. On s'occupoit cependant à réparer cette transition, mais quoique le Philosophe entrât avec la légèreté & le silence d'un Amateur, Nadir qui l'apperçut, occasionna enfin une pause générale.

Je crains, dit-il, en s'adressant à Ormasis, que cet amusement ne soit pas de votre goût. Mon Ami, lui répondit le Philosophe, la beauté, la précision & l'harmonie, sont les trois graces de la Nature, peut-on être insensible à leurs charmes! J'ai toujours aimé la musique, & même si cette harpe que vous tenez n'étoit pas en si bonne main. — Ah, mon cher Ormasis, je vous prie. — Non, je ne vous désarmerai pas. Nadir insiste. Ormasis accepte; & Fatmé condamnée à recommencer son ariette, voit avec plaisir que son Ami possède des talens agréables.

Bientôt la surprise succède. Ormasis prélude. La qualité des sons, la précision de la main, la justesse & la multiplicité des accords décèlent un talent supérieur, & annoncent aux Symphonistes que leurs partitions deviennent inutiles. Ils écoutent en silence. Ormasis beaucoup plus à son aise, n'est plus asservi à suivre strictement les accompagnemens de l'Auteur. Il se livre à son imagination, & cette imagination étoit féconde. Il suit avec un art infini, non-seulement les inflexions de la voix, mais le caractère des expressions. Tantôt des sons plaintifs & étouffés présentent l'image de la douleur. Tantôt ces sons affoiblis se perdent dans le lointain. On écoute, & l'on doute s'ils existent encore. Peu à peu d'autres sons plus assurés ramènent par gradation des sensations d'espoir. Les accords, les agrémens se multiplient, & caractérisent enfin la joie la plus animée. Jamais cette ariette n'avoit été ce qu'elle parut alors, & jamais Fatmé n'avoit chanté avec autant d'ame. Oh! divine mélodie, lorsque vos charmes sont présentés avec autant de vérité, l'être le plus mal organisé, c'est-à-dire, dont les nerfs feroient tendus avec la plus grande dissonnance, seroit toujours séduit par l'impreſſion qu'ils cauſent. Que l'on juge donc quel fut l'enthouſiaſme des Auditeurs.

Le vieux Sangiac, Amateur à outrance, ne trouvoit point de complimens aſſez expreſſifs. Nadir ravi de plaiſir & d'étonnement, ne pouvoit ſuffire aux queſtions de ce vieux Gouverneur. Quel eſt cet homme ? D'où eſt-il ? Que fait-il ? Où va-t-il ? C'eſt un Ange. Ah ! Monſieur, cela eſt divin. Dès demain j'en parle à notre Empereur. On devroit aſſurer une fortune éclatante à un ſujet d'une telle conſéquence. — Monſieur le Gouverneur il n'en a pas beſoin; d'ailleurs ce talent n'eſt rien en comparaiſon de ſon mérite. C'eſt un Philoſophe très-éclairé. — Quelle qualité de ſons ! — Qui a des principes d'une clarté. — Oui, des ſons d'une netteté. — Peut-on aſſez reconnoître des inſtructions ſublimes qui élèvent l'ame. — Oui, Monſieur, il m'a enlevé. — Mais nous ne nous entendons pas, Monſieur le Gouverneur, je vous dis que c'eſt un vrai Philoſophe, un grand travailleur. — Ah ! répondit le Gouverneur, je vous entends.... Un Philoſophe.... C'eſt peu de choſe. Mais, Monſieur, quelle harmonie ! Engagez-le de jouer encore.

Mirza & les autres femmes avoient déja prié Ormaſis de leur accompagner auſſi une ariette.

Il se rendit volontiers à leurs instances. Ce fut toujours le même succès, quoique dans des genres différens.

Ormasis voyant qu'il amusoit tout le monde, proposa de jouer un *solo* dans le jardin. Il faisoit un beau clair de lune. L'air étoit agité. C'étoit ce qu'il desiroit. Il demanda qu'on élevât un petit échafaudage d'environ six pieds au-dessus des Auditeurs, ce qui fut bientôt préparé. A peine Ormasis eut-il commencé son morceau, que chacun fut saisi d'un nouveau plaisir. Les vagues de l'air occasionnoient des effets surprenans. Les sons agités dans l'atmosphère formoient une harmonie merveilleuse. Tantôt c'étoit un murmure angélique, que l'on entendoit à peine dans des espaces éloignés. Tout-à-coup c'étoit un concert bruyant, dont les accords énergiques & divins auroient transporté l'ame la plus insensible. Enfin ces flots harmonieux causoient des sensations inexprimables. On craignoit de respirer. On éprouvoit cette douce oppression, dont l'homme le moins Musicien n'est quelquefois pas le maître. Le vieux Gouverneur n'en pouvoit plus. A peine le morceau fut-il fini, que se jettant à genoux, ô mon Dieu, dit-il, s'il est vrai que nous éprouvions dans l'autre monde des plaisirs aussi délicieux, enlève-moi; je ne crains plus de mourir.

Ce transport amusa beaucoup la Compagnie; Ormasis fut comblé de remerciemens, & la crainte de l'importuner, céda difficilement au désir qu'on avoit de l'entendre encore.

CHAPITRE XIX.

ON se promena pendant quelque tems. La Compagnie se partagea. Ormasis & Fatmé se trouvèrent l'un à côté de l'autre. Plus Fatmé étoit ravie de connoître les qualités du Philosophe, plus elle avoit d'humeur contre lui. Enfin elle le querella sur ses recherches, qui ne tendoient qu'à le séparer d'elle. Ses reproches étoient vifs, mais ils assuroient de plus en plus au Philosophe la possession d'un cœur tendre. Charmante Fatmé, lui dit-il, je vous promets que ce voyage sera le dernier. J'aurois pu m'en dispenser, mais je le crois utile au bonheur de Nadir. Non-seulement je veux que ce voyage le mette dans la position de ne jamais appréhender les revers de la fortune, mais il est à propos qu'il jouisse, au moins une fois, d'un spectacle très-intéressant : aussi-tôt de retour, je vous jure de ne plus m'éloigner de vous sans vos ordres.

Nadir attendoit encore deux convives pour le souper,

souper, mais ayant reçu avis qu'il ne les auroit pas, on se mit à table.

Le vieux Sangiac interrompoit toujours la conversation, pour disserter sur les effets de la musique. Peu m'importe, disoit-il, qu'une musique soit ultramontaine ou anté-montaine. Je veux des caractères, des expressions, & que ces expressions soient relatives aux sujets. Par exemple, est-il rien de plus ridicule que de voir un Héros expirer avec une cadence, ou exprimer sa fureur sur l'air d'un rigodon ? N'est-il pas encore plaisant de voir un Amant faire une déclaration passionnée, avec des roulades intermittentes ? Que penseroit une jolie femme, si son jeune Amoureux se jettant à ses pieds, pour lui dire un *je vous aime*, entrecoupoit chaque syllabe de trente ou quarante sons ? Si elle ne le prenoit pas pour un imbécile, au moins croiroit-elle qu'il se moque d'elle. Il est donc dans la Nature de ne point interrompre les phrases expressives. Il faut donc réserver pour les scènes seules la multiplicité des sons & les grands efforts de l'Art. et Amateur se seroit encore occupé long-tems de pareilles réflexions, mais peu à peu on promena son imagination sur d'autres objets.

Mirza étoit enchantée de son Hôte ; elle l'avoit vu aux prises avec Fatmé. Lorsqu'elle apperçut que sa Compagne paroissoit satisfaite. Elle reprit toute sa gaieté. Mon cher Philosophe, dit-elle à Ormasis, j'ai toujours eu envie de vous demander quelle est dans votre Pays la parure des femmes. Sont-elles jolies ? — Madame, leur parure est à-peu-près la vôtre, mais leur beauté dans ce cercle seroit furieusement éclipsée. — Monsieur n'est donc pas de notre Pays, interrompit le vieux Sangiac. Je m'en doutois bien. A propos de beauté & de parure, hier notre jeune Impératrice parut devant son Peuple. Vous savez avec quel transport elle est toujours applaudie, & combien cela est mérité : hé bien, le croiriez-vous, j'eus presque de l'humeur. — Quoi ! reprit le jeune Émir, de l'humeur, je ne vous conçois pas. Comment, tandis que la joie la plus sincère anime tous ceux qui ont le bonheur de la regarder, tandis que la Nation entière l'adore.... — Un moment, jeune homme, un moment, nous sommes d'accord. Entendons-nous, je m'explique. Ce fut par distraction que je m'occupai de sa parure : elle étoit, je l'avoue, bien entendue & de la plus grande élégance. Morbleu, dis-je en moi-même, je serois vraiment furieux si elle croyoit avoir besoin d'un tel secours pour paroître ce qu'elle est. — Ah, mon cher Gouverneur, réparation d'honneur. Comment donc, cela est spirituel au possible. — Point de spirituel, je vous prie, je n'y entends pas finesse.

Fort bien, dit alors le Philosophe, je vous fais à tous des complimens bien sincères. J'ai passé dans beaucoup de Pays, & par-tout on admire aussi le jeune Empereur qui vous gouverne. Graces à la Philosophie, ce ne sont plus d'horribles carnages déguisés sous le nom de Victoires, qui rendent un Monarque illustre. Non : le bonheur de son Peuple est le vrai thermomètre de sa grandeur, & si attaqué par l'Ennemi, il est quelquefois obligé de repousser l'injustice, c'est toujours avec peine qu'il signale sa valeur pour faire respecter ses droits.

Le vieux Sangiac regardoit Ormasis d'un air étonné ; mais, Monsieur, dit-il, je crois que cette morale est fort bonne. J'ai appris que vous étiez Philosophe. Cette Philosophie est donc une bonne chose ? On prétend que cela instruit les hommes & tend à leur bien-être. Faites-moi donc Philosophe, je vous en prie. Ah, si je pouvois aussi comme vous philosopher sur une harpe, dès demain je brûlerois ma basse.

Selim & Osman venoient d'élever une question, sur laquelle leur opinion étoit partagée. Selim prétendoit que le luxe étoit utile au bien d'un état. Osman au contraire prétendoit que c'étoit un vice destructeur qui avoit ruiné les plus grands Empires. — Messieurs, leur répondit Nadir, vous avez raison tous deux. Une seule distinction à cet égard va vous mettre d'accord. Lorsque le luxe d'un Royaume subsiste aux dépens des productions étrangères, vous avez raison, mon cher Osman, c'est un vice destructeur, dont le Souverain ne peut trop-tôt arrêter les progrès. Mais lorsqu'un Royaume renferme dans son sein les Manufactures qui fournissent à l'entretien du luxe, vous avez raison, Selim : alors le luxe est vraiment essentiel dans le Royaume. Il entretient la circulation des richesses, il fournit à la subsistance d'un nombre infini de malheureux, & contribue toujours au bonheur du Peuple. Par exemple, des Etrangers arrivent dans notre Cour. La parure y est recherchée ; on y donne des fêtes, il faut bien se mettre au ton de nos modes. Ils laissent leur or, & emportent nos colifichets. Notre jeune Impératrice aura-t-elle adopté quelque nouveau goût ; elle n'ignore pas qu'il en résulte le bien-être d'une infinité d'Ouvriers. Ne voyez-vous pas de vieilles Douairières qui, obligées de changer leurs ajustemens, font circuler, malgré elles, une partie des richesses qu'elles tiendroient enfermées. N'est-il pas nécessaire aussi que de riches Seigneurs soulagent l'indigent actif ? N'est-il pas naturel que des hommes vertueux enrichis des bienfaits du Prince, les répandent à leur tour ? N'est-il pas encore à propos que ces riches Traitans, pour parer leurs femmes ou leurs maitresses, restituent à l'industrie laborieuse ce qu'une industrie plus tranquille leur a fait acquérir ? Oui, mon cher Ofman, cette circulation est un bien. Si j'étois Empereur, je ferois donner des lettres de déshonneur à ceux qui, à grands frais, iroient à quinze cens lieues échanger des lingots contre des magots ; mais comme les magots se trouvent en tout Pays, j'approuverois dans mon Royaume des échanges encore plus disproportionnés. Qu'importent les dépenses de fantaisie, lorsque la valeur numéraire reste dans l'État. Ce que je dis des magots, peut s'appliquer à bien d'autres objets. Je n'en excepte que des matières premières que nous refuse notre climat, & dont notre industrie augmente la valeur.

Je me rends, répondit Ofman, je vois qu'il ne faut ni citations historiques, ni des volumes de mots, pour résoudre cette question. — Ma foi, reprit le vieux Sangiac, cela est bien dit. Mais, Messieurs, je crois que si vous vous en mêliez vous feriez des livres. Je vais vous faire aussi une question. Les Sciences contribuent-elles au bonheur d'un État ? Quant à moi, je n'en crois rien. Notre ancien Calife Omar fit brûler cette fameuse Bibliothèque d'Alexandrie, & défendit l'usage des livres, pour entretenir l'ignorance de ses Sujets, parce qu'elle lui paroissoit précieuse. Rachid, son successeur, fit au contraire introduire des livres. Il fit venir de tous Pays des Philosophes. Quel en fut le succès ? Les guerres intestines ravagèrent l'Empire.

Monsieur, repartit Ormasis, je vous demande une grace; c'est de ne point profaner le nom de Philosophe. Ce que vous appellez ici des Philosophes n'étoient que des Sectaires. La différence est considérable : la voici. Un Sectaire est un homme rempli d'ambition, qui manque de talens, & veut cependant que l'on s'occupe de lui. Son génie trop petit pour s'élever aux belles connoissances de la Nature, rampe pendant quelque tems sur les cahiers absurdes d'un tas d'imbéciles. Il rapproche différentes phrases dénuées de sens commun. Il en tire de nouvelles conséquences, aussi ridicules que les principes, & voilà tout-à-coup un dogme inintelligible qu'il prétend que l'on respecte. Moins il se comprend lui-même, plus les explications qu'on lui demande le rendent furieux. Des hommes très-spirituels

SANS PRÉTENTION.

feindront malheureusement d'appuyer son système, pour satisfaire des haînes particulières contre ceux qui s'y opposent. Les cabales se forment, le sang coule, l'Empire s'affoiblit, & le Souverain devient quelquefois la victime des plus stupides erreurs. Un Philosophe au contraire contemple en silence la beauté de l'Univers : il admire la Majesté du Créateur. La marche de la Nature occupe son génie. Il tâche de surprendre quelques secrets. La moindre découverte affecte son ame d'un sentiment délicieux. Il s'entretient tranquillement avec ses Amis. Si leurs opinions sont divisées, ces sortes de querelles ne troublent point l'État. Jamais on ne versa de sang pour démontrer si c'est la pression ou l'attraction qui agite les eaux de l'Océan. Le Philosophe sait encore que pour le bonheur des hommes & le maintien de l'harmonie sociale, il faut un Chef qui fasse observer des loix, & comme les loix sont respectables, ce Chef, ce Souverain est donc aussi pour lui un être vraiment respectable. Ce Souverain a-t-il quelques foiblesses ? J'en aurois peut-être davantage, dit-il en lui-même, si, comme lui, environné de flatteurs, je n'étois éclairé que par le flambeau de ma volonté. Si au contraire ce Souverain n'a que des vertus, le Philosophe, glorieux d'avoir un tel Maître, ajoute au respect qu'il lui doit l'admiration la mieux sentie. Enfin, en telle circonstance que ce puisse être, il est toujours le plus fidèle sujet d'un Monarque.

Ma foi, s'écria le vieux Sangiac, vos réflexions sont lumineuses. Le Moufti aura beau donner un fetfa & fulminer les Philosophes, qu'ils viennent dans mon Sangiacat, ils y seront tranquilles; dussai-je avec mon cimetère former la verge électrique qui préserve de la foudre. Oui, dès l'instant même je le déclare, je suis Philosophe. Je sens déja que j'aime mon Prince en Philosophe, & non dans l'espérance d'obtenir un meilleur Sangiacat.

A merveilles, repartit Nadir, voilà les premiers principes. En ce cas nous sommes ici tous Philosophes. Ce fut un consentement & un applaudissement unanimes. Le vieux Sangiac pleuroit de joie, il avoua que depuis long-tems il n'avoit goûté un plaisir si pur. S'appercevant que les femmes de Nadir applaudissoient aussi, elles sont donc Philosophes, s'écria-t-il ! Mesdames, permettez; il se lève, & court les embrasser. Nadir, bien loin de désapprouver son transport, se lève aussi, & donne lui-même le signal de cette gaieté décente, qui est l'ame de la société.

SANS PRÉTENTION.

Mon Ami, dit le vieux Sangiac, en s'adreſſant à Nadir, je veux que vous veniez prendre votre revanche. Je pars dans huit jours pour mon Sangiacat. Je vous amène tous. Je me flatte que notre grand Maître, notre grand Philoſophe ſera des nôtres. Meſdames, je vous prie de l'engager, vous aurez ſûrement du pouvoir ſur lui. Il avoit adreſſé ces dernières paroles, en regardant particulièrement Fatmé. Ces vieux Courtiſans ont preſque toujours le tact ſûr. Ils obſervent ſans paroître obſerver. Tout le monde promit. Je ne ſuis pas fâché, continua-t-il, en s'adreſſant à Nadir, que vous n'ayez pas eu aujourd'hui *Cadmen* & *Almanzor* ; je ne m'amuſerois pas autant. Ce ſont deux prétendus agréables, & je vous l'avoue, ce ſont mes deux bêtes. C'eſt une tournure d'eſprit ſi guindée, des déciſions ſi fauſſes, des quolibets ſi gauches...... Mais j'ai promis d'être Philoſophe, pardon, Meſſieurs, je n'y penſois plus. A propos, Meſdames, je ſuis bien hardi de vous amener chez moi.... Mes femmes..... N'importe, elles ne ſont plus dans l'âge de la coquetterie. Je gémis tous les jours de ce que l'imprudente *Aïeſa*, cette jeune Favorite de notre Prophète, ne connoiſſoit ni les retranchemens diſcrets d'un boudoir, ni l'éloquence utile d'une porte d'antichambre, jamais elle n'auroit été surprise, & l'inconstant Mahomet, dont elle se vengeoit avec tant de plaisir, n'auroit point étendu sa punition sur le sexe entier. Mais, mon cher Nadir, graces à votre exemple, dont plusieurs de nos Amis vont profiter, l'enjouement le plus agréable, deviendra l'ame de nos sociétés, & cette joie brutale, compagne de la débauche, en sera bannie pour toujours.

Monsieur le Gouverneur, interrompit Mirza, je vais vous faire un aveu; c'est que je ne vous ai jamais vu ce que vous êtes. Je vous croyois fort triste, très-sombre, méprisant sur-tout les femmes, & alors je vous le rendois bien. Mais à présent je vous trouve tellement agréable, que si mon cher Nadir n'avoit jamais existé, je serois assez raisonnable pour vous aimer. Et toi, Fatmé, qu'en dis-tu ? Il est certain, répondit Fatmé, que toute femme qui n'auroit pas le cœur pris, se décideroit aisément pour Monsieur. Laure & Sophie déclarèrent la même chose. Fort bien, dit-il, je vois à ce compte que si j'avois ici des prétentions à former, je recevrois au moins d'agréables excuses. Mais aussi, Mesdames, je ne serois point obligé de vous en faire..... Hé bien, Ormasis, ne suis-je pas un vrai Philosophe ? Vous le voyez. Je ne me vante pas. Cependant je crois qu'il est permis aux Philosophes d'être amoureux. Je vous avoue que malgré mon âge, si pour être Philosophe il falloit renoncer au plaisir d'aimer une jolie mine, je n'y tiendrois pas. — Soyez tranquille Monsieur le Gouverneur. Si le Public honore du nom de Philosophe des gens qui se rendent insociables par ton ou par bêtise, le Public se trompe. Telle est la profession de foi du véritable Philosophe. *J'aime Dieu, mon Prince & les Femmes.* A merveilles, répondit le Gouverneur, à merveilles. J'aime Dieu, mon Prince & les Femmes. Ah! parbleu, je suis Philosophe & de tout mon cœur. A présent, mon cher Maître, dites-moi, je vous prie, de quelle façon l'on fait l'amour dans votre pays? — Volontiers. Rien au monde n'est plus intéressant. Les deux sexes sont d'une vivacité singulière. La franchise de nos femmes rend les hommes heureux, on n'y connoît point l'avilissement de ces soupirans, qui, enchaînés dans le manège d'une coquette, s'occupent à combiner toutes les allures. Au premier coup-d'œil l'on sait si l'on se convient, jamais l'amour ne fait d'inutiles progrès. Lorsque deux cœurs sont d'accord, ils s'en apperçoivent bientôt. L'instant de se le dire a pour eux des charmes inexprimables, & les dédommage du peu de sensations à le prouver.

Qu'entendez-vous, reprit auffi-tôt le vieux Sangiac. Comment donc ! Peu de fenfations dans les preuves ? Cela n'eft pas poffible. — Pardonnez-moi, Monfieur. Les Habitans de mon pays ne connoiffent, pour ainfi dire, que l'amour platonique : ils font fi vifs. L'inftant phyfique eft fi rapide, qu'il devient inappréciable. O ! que cela eft fingulier, s'écria le Sangiac. Mefdames, que penfez-vous des Amants du pays de notre Philofophe ? Soyez de bonne foi.

Cette queftion occafionna des détails, des diftinctions divertiffantes, & traitées finement par des femmes agréables. Enfin cette plaifanterie du Philofophe fournit matière à une converfation des plus enjouées.

Cependant tous les plaifirs s'envolent, ou plutôt pour qu'ils fubfiftent, il faut une variété fenfible. Le vieux Sangiac réfléchit qu'il eft tard. Il fe lève, quoique à regret. Le jeune Emir, Selim & Ofman fuivant fon exemple, fe retirèrent chez eux. Laure & Sophie ne tardèrent pas à monter dans leurs appartemens, pour s'occuper enfemble des converfations particulières, & de la paffion fincère de leurs futurs époux.

Mirza & Fatmé reftent donc avec Nadir & le Philofophe. Ils fe regardent, & fe regardent en filence. Quand on aime auffi tendrement un adieu, tel qu'il puisse être, coûte trop à prononcer. La tendre Mirza contemple son cher Nadir. Une larme ombrage ses beaux yeux; Nadir l'enlève par un baiser. Fatmé abandonne sa main aux adieux muets de son Ami. Elles détournent les yeux. Nos deux Voyageurs profitent de cet instant. Ils sont en route.

CHAPITRE XX.

Les environs de Chrysopolis étoient ornés de beaux chemins, c'est-à-dire, que ces chemins étoient bien entretenus, car leur espace en largeur n'étoit calquée que sur l'utilité publique, & non sur l'ostentation. On calculoit combien une seule toise de terrein épargnée dans une route de cinquante lieues, conservoit de richesses annuelles dans l'État. En conséquence on ne connoissoit que les alignemens en ligne droite, excepté sur les montagnes très-escarpées. Il est vrai qu'alors les graphomètres n'étoient pas dorés. Et les ingénieurs n'étant point éblouis par les reflets d'une lumière trop vive, n'appercevoient point de ligne courbe au rayon visuel. Il en résultoit donc plus de commodité pour les Voyageurs, beaucoup de terrein épargné, des richesses immenses conservées, un entretien plus facile, & moins de dépense pour l'Etat.

Nadir & Ormasis suivoient donc au clair de la lune un chemin facile, dont ils ne se dérangèrent que pour arriver au pied d'une chaîne de montagnes. Nadir voulut témoigner au Philosophe sa reconnoissance, du présent considérable qu'il en avoit reçu. Demain, lui disoit Ormasis, demain tu me feras un présent pareil, & nous serons quittes. Ces deux Amis s'entretenoient de la chère Mirza & de l'aimable Fatmé, lorsqu'ils apperçurent deux hommes accourir vers eux. Nadir portoit déja la main sur son cimetère. Tranquillise-toi, lui dit Ormasis, ce sont sûrement mes deux Esclaves: ils sont inquiets de notre retard. Oui, précisément: tu ne saurois croire combien ils me sont attachés. Hé bien, mes Amis, nous voici, retournez sur vos pas. Mon cher Nadir, tu appréhendois donc quelque rencontre, tu te mettois déja sur tes gardes? crois moi, dans cette circonstance ne te sers jamais de ces armes meurtrières: elles ne sont utiles qu'au champ de l'honneur. Parmi ces malheureux qui volent dans les chemins, il en est qui, entraînés par la nécessité, gémissent eux-mêmes de la violence qu'ils sont obligés d'exercer. Il est donc un moyen plus sûr de se

SANS PRÉTENTION. 207

préserver de leurs attaques, sans les priver de la vie. Vois cette arme. Ormasis en effet tira de sa ceinture une espèce de pistolet sans batterie, un peu gros, & dont le canon étoit évasé par le bout. Ne t'imagine pas que ce canon soit chargé de poudre & de plomb; il sert simplement de conducteur à des vapeurs. Dans cette base, qui est un peu grosse, il y a deux séparations. Celle qui est attenante directement au canon, contient un mêlange d'huile essentielle de gayac & de poudre charbonneuse très-phlogistiquée; l'autre séparation, qui est doublée de verre, contient de l'esprit de nitre très-concentré. Il y a une communication de l'un à l'autre vase, mais elle est interceptée par une fiche d'or. Aussi-tôt que je pousse ce bouton, la communication est ouverte, l'esprit de nitre tombe sur le mêlange, & dans l'instant il s'échappe une vague de flamme & de fumée, qui renverse tous ceux contre lesquels on la dirige. Il en résulte ordinairement un sommeil léthargique de deux ou trois heures, quelquefois moins long lorsque le tems est humide. C'est donc avec de pareilles armes, mon cher Nadir, que je me suis souvent défendu dans le cours de mes voyages; jamais elles ne m'ont manqué de garantie. Quand ces malheureux étoient étendus par terre, je mettois dans leur poche un couple de fequins, afin qu'ils trouvaffent au moins à leur réveil de quoi fournir à leur fubfiftance, & je continuois ma route avec bien plus de fatisfaction, que fi je leur avois ôté la vie.

Nadir trouva l'invention de cette arme philofophique fort ingénieufe. Il avoua que c'étoit avoir heureufement tiré parti d'une expérience très-curieufe, mais dont on n'avoit obtenu jufqu'à préfent aucune utilité.

Enfin ils arrivèrent au pied de la montagne la plus efcarpée. Ces lieux folitaires, obfervés pendant le calme de la nuit, offroient à l'imagination des tableaux intéreffans. La lumière de la lune étoit vivement réfléchie fur des maffes de pierre blanche, & l'on diftinguoit fenfiblement l'ouverture ténébreufe d'une antique carrière. Voici, dit Ormafis, l'entrée de notre Palais. Suis-moi. Bientôt nos Voyageurs fe trouvèrent fous la montagne, & prenant le chemin qui étoit à leur droite, ils apperçurent à la lueur des flambeaux leurs Efclaves & quatre chevaux, avec quelques préparatifs de voyage. Leur toilette ne fut pas longue. Ils abandonnèrent leurs habillemens, pour fe vêtir de peaux de dain, coufues & affez bien ajuftées fur leur taille. Un bonnet de la même étoffe couvroit leur tête. Ils montèrent

tèrent à cheval, & suivirent, à la clarté des flambeaux, un chemin, dont la pente étoit à la vérité assez douce; mais cette descente étoit si tortueuse & si longue, que sans le secours des chevaux, ils auroient été fatigués avant de parvenir à l'entrée du goufre.

Nadir fort étonné, regardoit de tous côtés, & ne savoit s'il voyoit encore le travail des hommes ou celui de la Nature. Il avoit entendu dire à Chrysopolis, qu'il existoit une caverne, dont on n'avoit jamais pu connoître la profondeur; mais personne à cet égard n'avoit été en état d'en donner des détails. Tout-à-coup il entend dans le lointain un bruit pareil à celui des claquemens de mains redoublés. Tu ne saurois imaginer, lui dit Ormasis, d'où provient ce bruit. Ce ne sont que des petites gouttes d'eau qui tombent sur des pierres creuses. Ce grand tapage provient de la disposition d'un sallon fort curieux, que tu vas voir. Tu connois les principes : ne nous en occupons pas. Jouissons seulement des effets. Nos Voyageurs s'avançoient donc sensiblement : bientôt ils parvinrent dans cet endroit intéressant, où la voix la plus foible, semblable au tonnerre, auroit fait trembler l'homme le plus intrépide qui n'auroit pas été prévenu. D'autres objets admirables se présentèrent aux yeux de Nadir. C'étoit des grouppes immenses de stalactiques très-brillans, & dont les formes variées présentoient à l'imagination mille tableaux divers. Ces stalactiques entouroient le sallon, & donnoient l'illusion ravissante d'un appartement de cristal. C'étoit dans cet appartement où Ormasis laissoit ses Esclaves, pour pénétrer dans des endroits presque inaccessibles, & dont il avoit reconnu par degrés les chemins.

Nos Voyageurs descendent de cheval : Ormasis regarde à sa montre. Nous serons au moins six heures de tems, dit-il à ses Esclaves. Vous avez quelques provisions. Tant mieux. Vous pouvez attendre plus long-tems. Tout-à-coup on arrange une espèce de traîneau, auquel on ajuste des roues. On attache en avant une lanterne à réverbère, dont les lampes étoient allumées. Nadir regardoit d'un air étonné ces préparatifs. Hé bien, mon Ami, lui dit le Philosophe en riant, conviens que voilà un plaisant carrosse. Quand tu voudras nous partirons. Aussitôt on approche le carrosse d'un sentier étroit, dont la pente paroissoit très-rapide. Les Esclaves attachent des cordes au derrière du traîneau, & ces cordes étoient d'une longueur considérable. Nadir plein de confiance, & dont la curiosité s'augmentoit par degrés, s'assied sur ce traîneau derrière son Ami. Ormasis prend sur ses genoux une petite caisse, & tient dans ses mains deux bâtons armés de pointes de fer. Les Esclaves lâchent les cordes, & nos Voyageurs cheminent avec une promptitude admirable. Ne crois pas, disoit Ormasis, que le premier jour où je m'avisai de faire cette descente, je marchois avec tant de rapidité. Non, certainement, ces cordes arrêtoient ma course, & j'allois fort lentement. Je te fais observer que nous ne reviendrons point par cette même ouverture, cependant par prudence je laisse ici mon traîneau, jusqu'à ce que je sois rendu dans le sallon.

En peu de tems ils se trouvèrent au bas de cette descente escarpée. Le terrein n'étoit plus assez oblique pour faire marcher le traîneau, ils en sortirent. Ormasis ouvre sa petite caisse. Il en retire deux flacons, deux paquets, & une capsule de terre. Tu vois, dit-il, à son Ami, tu vois dans un de ces flacons un vinaigre qui a été concentré par le froid excessif, qui résulte d'un mêlange de neige & d'esprit de nitre.

Il débouche le flacon. Nadir respire avec plaisir une odeur aussi suave que pénétrante, & suivant l'exemple de son guide, il se frotte le visage & les mains avec cet acide. Voilà, je l'avoue, dit-il,

une précaution bien entendue. Ce vinaigre ra-
-dical est d'une pureté singulière, il me procure
un bien-être agréable. Il me semble qu'il a augmenté mes forces. Mais, mon cher Philosophe,
pour quel usage destinez-vous ces deux paquets,
cet autre flacon, & cette capsule de terre que
vous enfermez dans votre ceinture? — Je vais te
le dire. Charge-toi de cette lanterne. Marchons.....
Le plus petit paquet contient une poudre alimentaire. Cette poudre est faite avec la partie
nutritive d'une masse de pâte, que l'on extrait
sous un filet d'eau courante. C'est donc cette
substance que l'on mélange ensuite avec un suc
de viande, & comme elle devient très-dure,
on la pile & on la passe au tamis. Un gros de
cette poudre suffit pour substanter un homme
pendant vingt-quatre heures, & lui donner beaucoup de vigueur; il est bon cependant de ne s'en
servir que dans des circonstances indispensables,
car l'usage immodéré seroit dangereux, en ce
que l'on prive d'occupations quelques vaisseaux
secrétoires du corps humain, qui à la fin per-
droient leur ressort, & occasionneroient des maladies. Cet autre paquet n'est autre chose que du
sel marin. Ce flacon contient de l'huile de vitriol
glaciale. Tu vas bientôt voir combien ce dernier
approvisionnement nous est utile.

Nadir & Ormasis continuoient leur route, ils raisonnoient ensemble sur l'opération, par laquelle on est parvenu à extraire en grand l'acide vitriolique dans des vases de plomb. Ormasis observoit que dans l'opération en grand plusieurs milliers de cet acide en vapeurs avoient passé par un tuyau de fer mince, sans l'avoir corrodé. Il expliquoit à Nadir ce phénomène chymique, en lui faisant remarquer que cet acide, à l'instant où il s'élève lors de la déflagration, contient encore beaucoup de phlogistique. Tout-à-coup au détour d'un chemin, Nadir apperçoit dans le lointain une ouverture profonde, dont il sortoit des tourbillons de flamme. Ne t'épouvante pas, lui dit aussi-tôt son Ami. Plus nous allons approcher, plus ce spectacle va te paroître intéressant. Bientôt Nadir apperçut au-delà de cette ouverture des chemins très-vastes & des voûtes de la plus grande élévation. Les éclairs continuels formoient un jour très-lumineux dans le sein de ces abîmes. Le curieux Nadir émerveillé de plus en plus, oublioit tous les dangers, & marchoit à grands pas. Un moment, lui dit le Philosophe, en l'arrêtant : peut-être péririons-nous, mon Ami, si nous avancions plus avant, sans prendre nos précautions. L'air mofétique de ces routes enflammées est de la plus grande subtilité.

Notre vinaigre ne feroit pas fuffifant pour nous en préferver.

A l'inftant Ormafis prend la capfule de terre. Il l'emplit de fel marin, & débouchant le flacon d'huile de vitriol, il en répand fur le fel. Auffi-tôt une fumée ou plutôt un nuage enveloppe nos Voyageurs. Ormafis tenoit toujours à fa main cette capfule fumante. Avançons, dit-il, & n'appréhendons rien. Ils avancent à l'entrée du gouffre. Nadir voit avec furprife que les flammes s'écartent de leur paffage & femblent les refpecter. Cet effet lui paroît furnaturel. Il contemple avec admiration l'affurance & l'activité du Philofophe. Il croyoit voir un de ces gnomes puiffans, qui parcourent avec majefté leurs ténébreufes demeures, & paroiffent y commander aux Élémens. Hé bien, mon cher Nadir, lui dit-il, l'effet de cette opération te paroît peut-être furprenant? En voici le principe. Rien n'eft plus expanfible que l'acide marin réduit en vapeurs. Or, que réfulte-t-il de notre opération? Les vapeurs d'acide marin qui s'échappent de notre capfule & fe divergent autour de nous, font impulfion du centre à la circonférence, & repouffent les flammes, qui ne font elles-mêmes que des vapeurs plus légères. Les nôtres en éteignent même une partie. Elles corrigent en même-tems avec le plus grand succès l'air mofétique le plus phlogistiqué, & cet air cesse alors d'être nuisible.

En vérité, s'écria Nadir, je n'aurois jamais pensé que l'on pût, par des opérations aussi simples, se préserver des plus grands dangers. Mais, mon cher Ormasis, pourquoi nos Chymistes qui, depuis long-tems, ont fait cette combinaison dans des vases fermés, pour fabriquer de l'acide marin, n'ont-ils pas réfléchi que cette opération faite à l'air libre étoit utile, non-seulement pour les travaux des mines, mais encore pour arrêter la contagion d'un air pestilentiel. Mon Ami, répondit Ormasis, il échappe toujours quelque chose aux hommes les plus industrieux. Peu à peu les Sciences acquièrent, & l'humanité y gagne. Ne crois pas, mon cher Nadir, que j'aie jamais fait mystère de cette opération. Au contraire. Un jour je me trouvai sur les confins de la Perse, où la peste commençoit à faire des ravages. Je fus sur le champ trouver le Gouverneur, auquel je prescrivis ce qu'il y avoit à faire. On exécuta fidèlement mon opération dans toutes les Places publiques. Elle produisit bientôt un brouillard salutaire qui couvrit la Ville pendant quelques heures. Ce brouillard, loin d'offusquer les malades, leur donna du soulagement. Tous ceux qui n'avoient point été attaqués furent préservés; & cette dépenfe fi utile pour l'humanité, ne fe monta pas à vingt fequins.

Nadir écoutoit fon Ami avec une efpèce d'enchantement. Il marchoit en réfléchiffant à ces objets utiles, quand tout-à-coup un bruit épouvantable retentit dans ces cavernes fouterraines. Ormafis apperçoit fur fa gauche qu'une petite ouverture par où il franchiffoit ordinairement ces rocs, étoit très-illuminée. Dans l'inftant il monte avec Nadir fur une efpèce de grotte couverte de fable, d'où ils pouvoient examiner ce qui fe paffoit dans d'autres fouterrains féparés par des murailles immenfes. Nadir voit avec furprife différentes couches de terre s'agiter & produire des vapeurs rutilantes. Confidère, lui dit Ormafis, confidère ces effets. Ne t'effraie pas, & quoique le tapage foit aujourd'hui très-confidérable, fois fûr que ces rocs font d'une folidité inébranlable.

CHAPITRE XXI.

Nadir admiroit avec une sensation inexprimable ces phénomènes intéressans. Tu vois, continua Ormasis, que l'acide du soufre tombe dans le phlogistique de cette terre ferrugineuse : le mouvement du phlogistique s'augmente, & il s'augmente encore davantage par l'évaporation des parties aqueuses. La lumière vivement agitée va se développer des masses de terre : sa percussion rapide va dilater l'air avec vivacité, & causer des explosions d'autant plus fortes, qu'il se trouvera plus de résistance.

A peine Ormasis cessoit de parler, qu'un tonnerre épouvantable ébranle les voûtes de ces cavernes ; un torrent de feu inonde ces vastes abîmes. Nadir considère d'un œil effrayé les vagues étincelantes qui roulent & se multiplient avec impétuosité. Il voit ensuite avec étonnement des masses d'eau suivre avec vîtesse la course des flots de flamme, & gravir avec eux sur les chemins les plus élevés de ces montagnes souterraines.

Tu vois, lui dit Ormasis, les effets d'un volcan, dont l'éruption s'est faite dans la mer. Tu vois les eaux de l'Océan monter avec rapidité sur ces routes escarpées. Tu connois l'expérience commune, par laquelle on fait monter l'eau dans un verre renversé, après avoir mis du feu dans ce verre pour raréfier l'air, le rendre plus léger, & diminuer par conséquent sa pression. Hé bien, mon cher Nadir, ce qui se présente à tes yeux n'est que le résultat des mêmes principes. Observe à présent que l'eau, par la rapidité de sa course, enlève avec elle une infinité de coquillages & d'autres productions de la mer. Regarde ces morceaux de bois, tristes débris des naufrages; vois cet ancre de fer attachée à une de ces pièces de bois, & qui, entraînée par le torrent, gravit avec lui sur ce chemin escarpé. Dans trente années l'on trouvera cet ancre dans la terre, à cent lieues de la mer, & l'on soutiendra que la mer couvroit, il y a 1000 ans, cette portion de terre, comme si le fer, qui est le métal le plus prompt à se décomposer dans la terre, y auroit pu subsister pendant 1000 ans sous cette forme. On découvrira ces coquillages, ces poissons devenus fossiles, nouveaux sujets d'erreur, pour croire que la mer couvroit entièrement la surface de ces pays. On ne réfléchira point, que par le secours du feu, l'eau de la mer peut s'élever jusques dans les plus hautes montagnes

SANS PRÉTENTION.

On extravaguera au point, d'imaginer que toute la terre étoit couverte d'eaux avant la formation des hommes ; que ces mêmes hommes ont d'abord été des animaux marins ; qu'insensiblement les eaux de la mer ont diminué ; qu'alors ces mêmes hommes marins ont préféré la terre au premier Élément dans lequel ils étoient nés, & y ont de préférence multiplié leur espèce ; que les eaux de la mer diminuent toujours ; que l'atmosphère est une gourmande qui prend continuellement de l'eau sans la restituer, & se moque des loix des pesanteurs ; que cette gourmande avalera toutes les eaux de ton globe, & qu'enfin elle le transformera en un véritable soleil. Et quelle sera la preuve de tous ces miracles ? C'est que l'on aura trouvé des écailles d'huître & des coquilles dans des montagnes éloignées de la mer : une autre preuve ; c'est que l'on aura vu des hommes marins, qui ne se soucient point, à la vérité, comme leurs premiers parens, d'habiter la terre, & qui n'ont plus, comme eux, la faculté d'articuler des sons ; mais ce ne seront pas moins des hommes marins que l'on aura vus se promener dans la mer, que l'on aura pris ; & observe que cette espèce d'hommes sera d'une complexion très-volatile, car on n'en conservera aucuns, malgré les moyens connus de préserver les cadavres de la putréfaction. Conviens, mon Ami, qu'un Auteur qui se laisse ainsi emporter par le vol de son imagination, est bientôt précipité dans le cahos de l'erreur.

En effet, répondit Nadir, plusieurs de nos Savans ont blâmé ce système. Ils ont pensé, avec raison, que la mer gagne toujours d'un côté ce qu'elle perd de l'autre ; & même il paroît probable que dans ses écarts elle parcourt à-peu-près les mêmes terreins, puisque des Villes qu'elle avoit englouties se sont retrouvées découvertes peu de siècles après. Oui, je sens de plus en plus que le système des attérissemens est insoutenable. Je crois qu'il ne se perd pas une seule goutte d'eau de notre globe, que l'eau élevée en vapeurs, & condensée par le froid à une certaine hauteur de notre atmosphère, retombe nécessairement sur la terre sans aucune perte. De-là sa filtration dans les terres, l'origine des torrens, des fleuves, des ruisseaux, la nutrition & l'accroissement des végétaux. Je sens que l'on a eu raison de comparer la circulation universelle des eaux, à celle qui s'opère dans un alambic, mais je conçois bien mieux cette comparaison, depuis que vous m'avez démontré l'existence d'un réfrigérent, car celle d'une fournaise ardente, au haut d'un alambic, tel que l'on supposoit le soleil, me paroissoit contradictoire avec les effets d'une telle opération. A propos de nutrition & d'accroissement des végétaux, je commence à concevoir......

Un moment, interrompit Ormasis, il n'y a plus de coups de feu à redouter, franchissons à présent cette ouverture. Tu ne vois presque plus d'eaux, & il paroît qu'il n'en refluera que très-peu. D'ailleurs n'ayons aucune appréhension, nous suivrons le sentier le plus exaucé. Aussi-tôt Ormasis traverse en rampant ce trou formé dans les rocs. Nadir le suit. Ils descendent sur un trotoir assez élevé, & cheminent avec la plus grande facilité. Tu pense bien, disoit Ormasis, que je me suis orienté ici plus d'une fois avec la boussole. La mer Noire est à notre gauche, mais nous sommes bien au-dessous de son lit. Tu te doute bien que ce n'est pas dans cette mer où s'est ouverte cette bouche de feu; nous aurions couru alors de grands dangers. Cette éruption a dû se faire vers le golfe d'Ormus. Tu conçois bien que nous sommes ici plus exaucés que les eaux de l'Océan, eu égard à la forme sphérique de la terre; c'est donc par des sentiers obliques que le feu a élevé ces eaux jusqu'à nous & au-delà. Présentement ne sois pas surpris si les eaux en refluant ne rapportent pas toutes les productions qu'elles ont entraîné. — O, répondit Nadir, voilà ce que je ne conçois pas, car l'eau qui descend a certainement plus de force que celle qui monte, telle rapidité que lui ait communiquée le feu. — Mon cher Nadir, ceci seroit encore une question; mais je me contente de te citer une expérience très-simple.

Si tu jette une boule pour la faire monter sur un plan incliné, ne vois-tu pas que cette boule étant au terme de son ascension, a, pour ainsi dire, un instant de repos avant de descendre. Il en est de même de l'eau, qui après s'être élevée va redescendre. C'est donc dans ce moment de repos où les corps graves qu'elle contient tombent sur la terre, & ne sont point entraînés, comme ils le feroient plus bas, lorsque cette eau a repris le grand mouvement de sa chûte. C'est par la même raison que sur les bords de la mer le flot ne rapporte pas toujours ce qu'il y a porté. Ceci est trop évident pour nous en occuper davantage. Passons à d'autres objets. Que voulois-tu donc me dire au sujet de la nutrition & de l'accroissement des végétaux? Je me rappelle t'avoir interrompu sur ce sujet.

Je disois, répondit Nadir, que je conçois, non pas le principe moteur, mais au moins le méchanisme de cet accroissement. En effet, les vapeurs de la terre contiennent des parties de terre très-divisées, qui se déposent sans doute sur la semence des végétaux, & c'est parce que ces parties de terre sont très-divisées, qu'elles s'arrangent autour de chaque semence, relativement aux différentes formes. Mais, mon cher Philosophe, puisque l'eau la plus limpide contient toujours de la terre, ne seroit-ce pas plutôt des portions de cette même eau qui se transmuent en terre. J'y réfléchis. Oui, je soutiens que cette transmutation existe. Des arbres entiers sont devenus très-gros, n'ayant eu d'autre principe alimentaire que l'eau. Or, comme on ne peut pas supposer qu'il y ait dans l'eau une si grande quantité de terre divisée, je crois que l'eau elle-même se transmue en terre. Une autre preuve encore plus frappante, c'est que nos Savans ont distillé cent fois la même eau, & à chaque distillation ils ont toujours eu un sédiment terreux, & cette preuve est sans répliques. — Sans répliques, mon cher Nadir, en voici cependant quelques-unes. Dans un appartement un peu échauffé, on remplit d'eau un grand verre, en faisant attention que la surface extérieure du verre soit très-propre & privée de toute humidité; on jette dans cette eau du sel ammoniac. Aussi-tôt la surface du verre qui étoit très-sèche, se charge d'une rosée considérable. Tu sais que cet effet provient de la fraîcheur communiquée au verre, qui condenfe les parties d'eau, dont l'air de l'atmofphère eft rempli. Enfin ces gouttes d'eau s'évaporent à mefure que le verre s'échauffe; alors la furface extérieure du verre fe trouve ternie. L'air & l'eau de l'atmofphère font donc chargés d'une infinité de molécules terreufes, fufceptibles également de fe condenfer. Or, fi une furface folide, telle que le verre, fe charge d'une fi grande quantité de molécules terreufes, juge combien une furface liquide en doit retenir. Et en effet, tu remarqueras que l'eau évaporée à l'air libre, laiffe un fédiment bien plus confidérable que la même eau diftillée dans des vafes fermés. D'après ces obfervations, tu ne croiras plus que l'eau fe tranfmue en terre, parce que cette eau aura fait croître un arbre. Tu ne feras plus étonné qu'en diftillant de l'eau un grand nombre de fois, il fe trouve toujours un réfidu terreux, puifqu'il fuffit qu'à chaque fois, en délutant les vafes, la furface de l'eau reçoive l'impreffion du courant d'air, qui lui communique des molécules terreufes. D'ailleurs il eft probable, ainfi que l'a obfervé un de tes Savans, que la percuffion continuelle de l'eau bouillante divife quelques portions du vafe de verre qui la contient, fans en altérer le poli, eu égard à la douceur des frottemens.

Je

Je vois, repartit Nadir, je vois que vous ne croyez point à la tranfmutation des Élémens : vous ne penfez donc point que des rayons de lumière puiffent former des maffes de pierre, & que ces pierres puiffent enfuite fe transformer en lumière; cependant un de nos illuftres Savans a eu cette opinion. — Mon cher Nadir, je ne crois pas ce que je ne conçois pas. Je vois que l'arrangement des couleurs que forme le prifme eft immuable. Or, en confidérant qu'il n'y a pas même de tranfmutation dans les rayons, je ne peux point ajouter foi à des tranfmutations bien plus incompréhenfibles. On peut donc eftimer un Savant fans adopter toutes fes hypothèfes. D'ailleurs l'homme laborieux fe permet à jufte titre une multiplicité de réflexions, & il fuffiroit d'en extraire un feul trait de lumière, pour qu'on lui en témoignât de la reconnoiffance: ce n'eft donc aucun de ces Savans refpectables par leurs travaux, que je prétends attaquer ici. Non, fi j'étois à cet égard fufceptible d'humeur, j'en aurois vis-à-vis de ces hommes finguliers, qui, en lifant un Ouvrage, s'occuperont à peine des expériences, des réflexions ingénieufes fondées fur la faine phyfique, mais qui s'attacheront à ériger en principe une fuppofition, avec laquelle l'Auteur s'eft amufé. Ces hommes finguliers

P

poseront donc pour principe, qu'il n'y a qu'une seule matière dans l'Univers. D'accord ; cependant cette matière aura toujours quatre parties essentiellement distinctes. Retranchons, s'ils le veulent, le nom d'Élémens, mais les sensations différentes que leur font éprouver la lumière, l'eau, l'air & la terre, leur feront admettre, malgré eux, quatre principes. Qu'ils se contentent donc d'examiner les composés qui résultent des divers mélanges de ces principes, ils auront assez de travail. Mais s'il est extravagant à l'homme de prétendre connoître les formes des molécules organiques & constituantes de chacun de ces principes, n'est-il pas encore plus extravagant de décider que ces principes changent de nature, & se transmuent entr'eux ? — J'aime ce Physicien de bonne foi, qui, induit en erreur par l'intimité du mélange d'air & d'eau, s'imagine que l'air n'est que de l'eau raréfiée. Cependant il cherche à s'instruire. Il échauffe une éolipile pleine d'eau, dont il paroît ne s'échapper que de l'air, mais en adaptant un vase qui condense ces vapeurs, il y retrouve la même quantité d'eau. Il fait cette autre expérience. Il pompe l'air du récipient d'une machine pneumatique, sous lequel il a mis un verre rempli d'eau. Il voit le bouillonnement de l'eau, en raison de l'air qu'elle contient,

& de la moindre pression de l'atmosphère qui la fait élever dans le verre. Mais il n'apperçoit aucune diminution d'eau, pas un atôme d'eau convertie en air. Il observe encore que l'eau pénètre des corps que l'air ne peut pas pénétrer : preuve certaine de la différence des formes constituantes de ces deux principes. Enfin, il met sécher à l'air les cuirs mouillés qui ont servi à ses expériences. Il fait beaucoup de vent, & ces cuirs sont déja séchés. Alors il réfléchit que ce grand vent n'auroit pas séché si promptement les objets qu'il y a exposés, si ce grand vent n'étoit qu'une plus grande quantité d'eau en mouvement : aussi-tôt il reconnoît que ses idées n'étoient que des erreurs, & renonçant à toute prétention systématique, il adopte l'existence de quatre élémens ou principes de la matière essentiellement distincts, & quoiqu'il lui soit impossible de les obtenir dans cet état de pureté, il voit assez de particularités qui constatent la différence de leurs espèces.

Les observations que vous me faites, répondit Nadir, m'intéressent beaucoup, mais elles ne me persuadent pas. En effet, en raison inverse, ne doit-on pas croire que tout est eau, que tout se convertit en eau, puisque tous les corps de la Nature peuvent être liquéfiés. Non, rien ne peut m'empêcher de croire cette tranfmutation; ou plutôt l'identité parfaite de ces deux élémens, terre & eau.

Nadir difputoit avec chaleur, & l'air enflammé du volcan l'avoit confidérablement échauffé. Une foif ardente le tourmente. Il fait part de fon état au Philofophe. Ormafis à l'inftant lui préfentant une poignée de fable, tiens mon Ami, lui dit-il, étanche ta foif. Nadir furpris vit bien que ce fable, qui exigeoit neuf cens degrés de feu pour être fluide, n'étoit pas de l'eau. Auffi-tôt Ormafis prenant un caillou creux, & recevant quelques gouttes d'une huile de pétrole qui diftilloit d'une maffe de pierre voifine, il en fait l'offre à fon Ami. Nadir comprit fur le champ qu'un fluide phlogiftiqué, au point de ne pas devenir folide comme l'eau au même degré de froid, n'étoit point encore ce qu'il falloit pour appaifer fa foif. J'abjure, dit-il, à Ormafis, mes puériles réflexions. A l'inftant Ormafis lui fait voir derrière un rocher une fource d'eau claire. Nadir en fe défaltérant, convint que fi tous les corps de la Nature font fufceptibles de devenir fluides à différens degrés de feu, cette différence, dans les degrés de feu, fuffit feule pour indiquer la différence de leurs efpèces, & par conféquent le caractère diftinctif des élémens qui les compofent.

CHAPITRE XXII.

A peine un instant de calme avoit succédé à cette tempête souterraine, que des mugissemens éloignés réveillèrent l'attention de Nadir. Des nuages épais remplirent tout-à-coup ces immenses cavernes. Les feux s'éteignoient. Il n'y avoit plus d'air mofétique à redouter. La fumigation d'acide marin devint inutile à nos Voyageurs, mais la lanterne leur fut très-nécessaire. Les quatre réverbères suffisoient à peine pour les éclairer. Ces nuages, dit alors Ormasis, ces vapeurs épaisses qui se condensent autour de nous, sont sûrement les eaux de la mer que tu as vu monter avec rapidité. Tu sais que ces eaux se sont élevées & ont suivi la course du feu, parce que le feu raréfioit toujours devant elles la colonne d'air; mais enfin ces mêmes eaux se seront précipitées dans le foyer d'un volcan profond. Voilà ce qui occasionne les mugissemens qui frappent tes oreilles, & les brouillards que tu vois sont ces mêmes eaux de la mer, réduites en vapeurs par une ébullition rapide. Viens voir les effets qu'aura produits cette évaporation. Il n'y a plus d'explosions à craindre. Remontons un peu vers notre gauche, & marchons avec vîteſſe, cela ne nous écartera pas beaucoup des terreins où je vais te conduire.

En effet, après une demi-heure de marche, nos Voyageurs arrivèrent fort près de l'endroit où étoit le foyer de ce volcan ; ils ne s'en apperçurent que par une chaleur conſidérable qui ſe faiſoit encore ſentir. Nadir voit avec ſurpriſe des maſſes blanches fort brillantes & d'une groſſeur énorme. Il réfléchit quelque tems. Je conçois, dit-il, à Ormaſis, que lors de l'évaporation des eaux de la mer, les ſels ont été fondus par la violence du feu, & c'eſt ſans doute ce qui les a réduits en maſſe. Mais ſeroit-ce donc là ce que l'on nomme du ſel gemme ? — Oui, mon Ami, & tu vois ici la ſolution d'un grand problême. La formation de ce ſel en maſſe avoit paru incompréhenſible à tes Savans. On conçoit, diſoient les uns, que des parties de terre & d'eau agitées & combinées enſemble, peuvent former des ſels dans les entrailles de la terre, mais de cette combinaiſon lente, il ne devroit réſulter que des ſels criſtalliſés dans leur forme naturelle, ou au moins mêlés avec des parties terreuſes, tels que l'on en voit dans des roches, & qui ſont incorporés avec des portions de terre. Au contraire, voici des maſſes entières très-brillantes, sans aucun mêlange apparent, & sans forme de cristallisation, d'où cela provient-il? D'autres avoient prétendu que le terrein où l'on trouve de pareilles carrières avoit la faculté de produire continuellement du sel, mais des ruisseaux d'eau douce qui couloient au fond de ces abîmes, & sur ce même terrein, détrompèrent bientôt les partisans de ce système. Enfin les Savans, en dissolvant & filtrant plusieurs fois ce sel par comparaison avec le sel de la mer, ne trouvèrent, pour toute différence, qu'un peu plus de parties terreuses dans ce sel fossile, & ils ne se sont pas trompés, car si tu veux fondre le sel marin avec des terres calcaires ou des coquillages, ces coquillages s'y dissolveront, s'y incorporeront, & tu obtiendras alors un véritable sel fossile.

Tu viens donc de voir par quels accidens ces masses salines ont été formées. Dans plusieurs siècles ces carrières en seront encore remplies, parce que le peu d'eau qui pourra filtrer au travers des terres, n'attaquera que la superficie de ces masses, & d'ailleurs le froid qui va succéder dans ces cavernes, diminuera la vertu dissolvante, c'est-à-dire, la dilatation de ces eaux filtrées. Reprenons à présent cette route qui va nous conduire dans des terreins chargés de minéraux.

Nos Voyageurs marchoient avec vîtesse. Bientôt ils furent obligés de ralentir leur course, il falloit suivre avec beaucoup de précautions un chemin étroit & tortueux. Ce chemin étoit environné de précipices, dont on ne pouvoit appercevoir la profondeur. Quelques filets d'eau tomboient dans ces gouffres ténébreux, & formoient un murmure effrayant. Mais les brouillards étoient diminués, & ces deux Amis bien éclairés par leurs réverbères, avançoient avec assez d'assurance. Enfin ils parvinrent dans des chemins bien moins dangereux; & ces nouveaux chemins offrirent à Nadir le spectacle le plus intéressant.

Mon Ami, lui dit alors le Philosophe, la terre que nous avons parcourue jusqu'ici t'a paru très-uniforme, regarde à présent ces différentes couches. Vois ces bancs d'argilles jaunes, rouges & bleues. Examine ces autres terres calcaires, ces marbres, ces albâtres, ces agathes, ces spaths. Prenons ce détour sur notre droite. Jette les yeux sur ces masses brillantes, vois ces rayons innombrables de cristaux & de pierres précieuses de toutes couleurs. Considère de l'autre côté ces gangues, ces filons qui te présentent une infinité de rameaux d'or & d'argent natifs. Veux-tu, continua Ormasis, que nous nous reposions un instant. Nadir ne demandoit pas mieux. Aussi-tôt nos Voyageurs s'affirent au milieu de ces immenfes tréfors.

Nadir enchanté portoit des regards curieux fur ces objets raviffans. Quelles beautés, s'écrioit-il! ô mon Ami, quelles merveilles! Hé bien, lui dit le Philofophe, je t'avois promis que tu ferois en état de me faire des préfens pareils à celui que je t'ai offert. Ne t'ai-je pas tenu parole ? Mon cher Nadir, je fuis plus âgé que toi, j'ai voulu que tu profitaffe de mes découvertes. Un cœur bienfaifant comme le tien ne doit point avoir d'entraves. Lorfque tu auras partagé ta fortune avec d'honnêtes malheureux, il ne tiendra qu'à toi de venir ici la régénérer, & de l'augmenter felon les circonftances. — Quoi, mon cher Ormafis, c'eft donc auffi pour ma propre félicité que vous m'avez engagé..... Comment pourrai-je reconnoître.... — Mon Ami, répondit Ormafis, j'acquitte une dette légitime. Nadir ne pouvoit pas encore fentir l'énergie de cette réponfe. Affis fur un roc, il porte tout-à-coup les yeux fur les maffes de terre qui étoient fous fes pieds, & y voyant une quantité prodigieufe de poudre d'or, mêlée avec des petits quartz : c'eft donc ici, s'écria-t-il, que l'on foule aux pieds ce vil métal, qui fait le bonheur des humains. Mon Ami, reprit Ormafis, abandonne cette épithète à l'imagination des Poëtes. Un bon Naturaliste ne traitera jamais l'or de vil métal: il n'en est aucun qui ait une valeur plus réelle: non-seulement il résiste très-long-tems aux intempéries de l'air sans se décomposer, mais rien au monde de plus sain & de plus commode que des vases d'une pareille matière, & il seroit à souhaiter, pour le bien de l'humanité, qu'elle devînt plus abondante. Tu vois donc, mon cher Nadir, que si des hommes vils commettent des injustices pour acquérir de l'or, il ne s'ensuit pas que ce métal mérite leur épithète. — Fort bien, mon cher Ormasis, l'on peut donc aimer l'or par pure philosophie. — Oui, mon Ami: d'ailleurs le vrai Philosophe ne méprise point les richesses, mais il ne fait jamais de bassesses pour en acquérir. La fortune des autres ne le tourmente pas. Au contraire, il s'amuse beaucoup de voir des barbouilleurs Moralistes jetter indistinctement leur bile contre tous les crésus de la terre, & affecter un orgueil cynique dont personne n'est la dupe.

CHAPITRE XXIII.

Nadir en écoutant son Ami, examinoit une veine de sable dans la roche sur laquelle il étoit assis, & y appercevant quelques reflets de lumière très-vifs, il piquoit cette veine avec le fer de son bâton. Bientôt des petites pierres brillantes furent plus à découvert, & se dégagèrent des parties sablonneuses. Il les reconnut pour de beaux diamans. Tu vois, lui dit Ormasis, que nous pouvons emporter d'ici beaucoup de richesses sans aucuns embarras. — Oui, mon cher Philosophe, & c'est ce qui va m'occuper. Mais ma surprise augmente à chaque instant. Se peut-il que la Nature, par la seule diversité proportionnelle des élémens, forme de si belles choses. Dites-moi, je vous prie, par quel travail, par quelles progressions, des amas de terre commune peuvent-ils subir de pareilles transmutations. Éclairez-moi. D'où provient d'abord l'arrangement des différentes couches de terre les unes sur les autres ? — Mon Ami, répondit le Philosophe, cet arrangement par couches n'est autre chose que le résultat des pesanteurs spécifiques, dont tu connois les loix. Il est naturel que l'eau qui filtre dans les terres, précipite & charie avec égalité les terres de pesanteur égale. Voilà en peu de mots la solution de ce problême. Tu conçois donc que ceux qui, en examinant dans différens Pays ces couches de terre, prétendoient que c'étoit les courans de la mer qui les avoient formées, avoient une idée trop peu réfléchie sur ces objets. Il est vrai que la mer charie des couches de vase diversement colorées, dans les Pays où elle forme quelque extension; mais il est d'innombrables Pays que jamais la mer n'a couverts, & dont les terres sont également par couches. Il y a des terreins immenses, non-seulement dans l'Asie, mais encore dans d'autres portions de ce globe, où l'on ne rencontre pas le moindre coquillage, qui puisse donner un indice qu'ils aient été inondés par les eaux de la mer. Enfin, mon Ami, les arrangemens des argilles que la mer a souvent portés par couches sur plusieurs terreins, est également une suite du principe des pesanteurs dont je viens de te parler.

Présentement je dois satisfaire ta curiosité sur la formation des objets qui s'offrent à tes yeux. Je vais commencer par te développer le principe des métaux. Tu concevras en même-tems l'origine des pierres précieuses, & celle de la transmutation de toutes les terres, c'est-à-dire, du changement de leurs combinaisons. Voici donc la grande question. Par quels agens les terres argilleuses ou calcaires deviennent-elles des terres métalliques ?

Observe d'abord que les vapeurs sulfureuses qui circulent dans les entrailles de la terre, abondent particulièrement dans les mines métalliques. Ces vapeurs sulfureuses auroient pu fixer davantage l'attention de tes Savans, qui ont fait tant de recherches à cet égard. Tu sais donc que le soufre est un composé d'acide vitriolique & de phlogistique. Tu sais encore par des expériences certaines, que les terres métalliques contiennent plus de phlogistique que les autres terres. Hé bien, mon Ami, c'est donc par l'intermède de l'acide, que le phlogistique se combine dans les matières terreuses. Quels effets produisent ces vapeurs sulfureuses ? Les voici. Elles divisent, elles atténuent des molécules de terre, en circulant avec elles. Lorsqu'ensuite ces vapeurs rencontrent des portions de terre plus froides, elles s'y condensent, & ces molécules de terre se réunissent donc par la condensation. Plus ces molécules de terre ont circulé long-tems, plus elles ont été divisées, & plus leurs parties sont susceptibles de se rapprocher exactement. Alors moins elles admettent d'air &

d'eau dans leurs parties conſtituantes, & plus elles ſont compactes & peſantes. C'eſt en effet ce que ſont les terres métalliques. Obſerve auſſi que le phlogiſtique qui eſt toujours en action, s'étant combiné dans ces molécules de terre, circule dans les parties conſtituantes, & entretient leur liaiſon en raréfiant l'air intérieur. Telle eſt donc, mon cher Nadir, la marche de la Nature dans la formation des métaux.

Fort bien, répondit Nadir, voilà des raiſonnemens phyſiques, voilà des principes qui me paroiſſent évidens. Mais d'où provient cette différence de fixité dans les métaux & minéraux. — Un moment, mon Ami, je vais te l'expliquer. Les terres qui ont été combinées avec le phlogiſtique, par l'intermède de l'acide vitriolique, & ſont devenues terres métalliques, ne ſont point des métaux fixes, lorſque cet acide n'a point été enlevé de leurs parties conſtituantes par un travail ſubſéquent de la Nature. Pourquoi? parce que les parties ſulfureuſes interpoſées dans les parties conſtituantes en empêchent l'exacte réunion, & les rendent volatiles au feu. Tel eſt l'état des demi-métaux, l'antimoine, le zinc, le biſmuth. Tel eſt auſſi l'état de pluſieurs métaux, dont la terre a été plus diviſée que celle des demi-métaux, & dont les molécules étant encore mêlangées avec des acides, sont par cette raison entiérement volatiles. Mais lorsque la terre a d'abord été réduite dans un état de division considérable par l'action des vapeurs sulfureuses, & lorsque l'acide vitriolique se dégage des parties constituantes sans avoir enlevé le phlogistique, cette terre divisée en se condensant, se rapproche bien plus exactement, & devient un corps d'autant plus fixe & plus compacte, qu'elle a été plus divisée. Alors il en résulte des métaux fixes.

Permettez, mon cher Ormasis, permettez que je vous fasse une objection. Vous prétendez que c'est l'acide qui est la cause de la volatilité de certains métaux ou minéraux, & moi je n'attribue cette volatilité qu'au seul phlogistique. Par exemple, l'antimoine est très-volatil au feu. Si je lui enlève son phlogistique, il résulte une chaux nommée matière perlée, qui est très-fixe au feu. Il est donc évident que la volatilité dépend du seul phlogistique. — A merveilles, mon cher Nadir, & moi j'ai beau ajouter à de l'or une quantité considérable de phlogistique, il m'est impossible de le rendre volatil par cette méthode. Ce n'est donc point le phlogistique qui rend les métaux volatils. — Mais, mon cher Philosophe, c'est parce que l'or est naturellement fixe. — Hé, mon Ami, c'eſt ce *naturellement fixe* qu'il faut expliquer : pourquoi l'or eſt-il fixe, quoiqu'il ſoit très-phlogiſtiqué ? C'eſt parce qu'il ne contient point d'acide dans ſes parties conſtituantes. L'antimoine, au contraire, malgré la calcination & les lavages, retient une quantité d'acide. Or, quand on préſente du phlogiſtique à cette chaux d'antimoine, l'acide qu'elle contient ſe dilate, & il dilate en même-tems les parties conſtituantes, alors ce demi-métal redevient volatil. Il en eſt de même d'autres demi-métaux ou métaux, où il y a plus ou moins d'acide engagé. Sois certain que c'eſt de ce premier principe d'où dépend le plus ou le moins de fixité des métaux.

Ormaſis, vos principes commencent à me ſéduire. Je ne ſuis donc plus ſurpris de voir tous ces mêlanges de métaux dans les mêmes mines, dans les mêmes glèbes. En effet, les molécules de terre diviſées par les vapeurs ſulfureuſes, s'étant enſuite condenſées, ont formé des métaux plus ou moins fixes, en raiſon de plus ou moins de diviſion qu'elles ont éprouvé, ou plus ou moins d'acide qui aura reſté dans leurs parties conſtituantes. Cependant, mon cher Philoſophe, j'y reviens encore. Eſt-il poſſible ? Quoi ! Le plomb, le mercure, ces métaux imparfaits, ne
ſont

SANS PRÉTENTION.   241

sont volatiles, que parce qu'ils conservent plus d'acide dans leurs parties constituantes. C'est ce que je ne saurois concevoir. J'ai vu cent fois le plomb au feu se réduire en chaux de diverses couleurs, s'y vitrifier & s'élever en vapeurs. J'ai vu pareillement le mercure extrait du cinnabre former des précipités de toute espèce. Je l'ai vu enfin exposé au feu & à l'air libre s'évaporer entiérement, sans porter la moindre odeur sulfureuse. Il n'y a donc point de soufre dans ces métaux. Il n'y a donc point d'acide uni à leur phlogistique. — Oh, je m'attendois bien, mon cher Nadir, que tu allois encore me présenter cette petite objection. Observe donc, mon Ami, que le soufre ne porte aucune odeur sensible, lorsque dans sa combinaison, il est uni à une surabondante quantité de phlogistique. Tes Savans ont même donné le nom de soufre nitreux à une espèce de soufre plus phlogistiqué, & qui n'a en effet aucune odeur; mais le nom n'y fait rien. Il résulte que le soufre bien chargé de phlogistique, ne porte aucune odeur sulfureuse lors de son évaporation, tel est le soufre contenu dans le mercure & le plomb. Si l'acide étoit extrait de ces métaux, leurs parties constituantes se rapprocheroient l'une de l'autre, & ils deviendroient des métaux fixes. Enfin, je te le

Q

répète, présente à l'or ou à l'argent autant de phlogistique que tu voudras, ils ne deviendront jamais volatiles. Ce n'est donc point le phlogistique qui est le seul principe de la volatilité. Mais si l'on parvient à y introduire du soufre, c'est à-dire, l'acide uni au phlogistique, alors on les rend volatiles. C'est ce que l'expérience nous démontre ; & c'est ce que la Nature nous offre dans différentes mines, où l'or & l'argent sont quelquefois dans un état de volatilité assez considérable. Encore en cet état le soufre n'est-il point parfaitement combiné avec les parties constituantes, ce qui est cause qu'on les rappelle aisément à leur état de fixité.

CHAPITRE XXIV.

Nadir prenoit le plus vif intérêt à ces nouvelles explications. A propos de phlogistique, dit-il, à Ormasis, je voudrois savoir pourquoi des métaux précipités par l'intermède d'autres métaux conservent leur brillant métallique. Par exemple, je fais dissoudre du cuivre dans un acide, je jette ensuite du fer dans cette dissolution, & mon morceau de fer se couvre de feuilles de cuivre très-belles. Si au contraire je jette dans cette dissolution un morceau de sel alkali, les parties de cuivre qui se précipitent ne sont qu'une poudre sale dépourvue de tout éclat métallique. — Mon Ami, cet effet dérive d'une cause toute simple; c'est que le fer a fourni au dissolvant plus de phlogistique, que n'en a fourni le sel alkali, & le cuivre précipité par le fer ayant retenu plus de phlogistique, ses parties étant plus liées te réfléchissent la lumière, c'est-à-dire, conservent leur brillant métallique. Ceci te prouve que les terres métalliques diffèrent sur-tout des autres terres non métalliques, par la quantité de phlogistique qu'elles contiennent. Tes Savans t'ont déja donné des éclaircissemens sur cet objet. Mais pour achever de te démontrer que c'est à l'abondance du phlogistique qu'est dû le phénomène dont tu m'as demandé l'explication, tu feras quelques observations d'après l'expérience suivante. Elle va sûrement te paroître intéressante.

On met une once d'argent dans une capsule de terre sur le feu ; on y jette à plusieurs reprises une ou deux onces de soufre que l'on y laisse brûler. On pile cet argent autant de fois que l'on a fait brûler du soufre ; après en avoir ainsi brûlé deux ou trois livres, on pousse le feu jusqu'à faire rougir la capsule. Alors on voit sortir de cet argent noirci & granulé des petits arbrisseaux blancs en forme de végétation, & ces petits arbrisseaux ont leur éclat métallique. Ce premier effet provient de ce que l'acide du soufre en s'élevant, entraîne avec lui des molécules d'argent très-divisées ; mais à mesure que cet acide s'élève, il s'unit avec une plus grande quantité de vapeurs aqueuses répandues dans l'atmosphère. Alors il devient plus léger, & ces molécules d'argent n'étant plus de pesanteur égale avec lui, se précipitent l'une sur l'autre, & forment cette végétation. On répète le jour suivant cette opération, & plus l'argent est divisé, plus les rameaux des petits arbrisseaux sont déliés. On fait bouillir cet argent dans de l'eau. Ensuite on transvase l'eau claire dans deux soucoupes de verre : on fait évaporer vivement l'eau d'une de ces soucoupes à la chaleur du bain de sable. Bientôt l'argent que cette eau acidulée tenoit en dissolution, est précipité dans la soucoupe en poudre blanche, avec fort peu de brillant métallique. On laisse évaporer lentement à l'air l'eau contenue dans l'autre soucoupe. Quelle différence! L'argent s'y précipite en petites feuilles, & ces feuilles ont un éclat extrêmement brillant. N'est-il donc pas évident que cette eau acidulée ayant affinité avec le phlogistique ambiant dans l'air, s'en empare, & qu'elle laisse précipiter une quantité d'argent très-phlogistiqué. Tu vois donc, mon Ami, par cette expérience, que les précipités métalliques sont plus ou moins brillans, en raison de plus ou moins de phlogistique qu'ils conservent, parce que ce phlogistique, en réunissant les parties, agite d'ailleurs la lumière, & occasionne des reflets plus éclatans. C'est ce qui forme le brillant métallique.

Un Curieux assez actif, après avoir long-tems brûlé du soufre sur de l'argent, & suivi l'expérience que je viens de te citer, fit fondre cet argent avec du borax. Il le soumit ensuite à la dissolution dans l'acide nitreux : aussi-tôt il vit une poudre noire se précipiter. Il pensa que malgré l'attention qu'il avoit eue d'opérer sur de l'argent de départ, il y étoit encore resté quelques portions d'or. Pour s'en assurer, il décanta donc la dissolution, lava cette poudre noire, & la fit refondre avec le borax. Il obtint alors un métal citrin très-beau, très-malléable ; mais ce qui le surprit, c'est que ce métal étoit inattaquable par tous les dissolvans. L'acide nitreux, l'eau régale, l'acide marin, l'acide vitriolique, rien ne pouvoit l'altérer, tandis que tous les métaux sont attaqués par un ou plusieurs de ces dissolvans.

Il s'imagina donc que ce métal n'étoit qu'un alliage d'or & d'argent, en proportion singulière, de façon qu'étant l'un par l'autre à l'abri de leurs dissolvans respectifs, ils formoient un composé indissoluble. Or, pour reconnoître si c'étoit là le vrai principe, il n'étoit question que de déranger cette proportion. En conséquence, il fit refondre une partie de ce métal avec douze parties d'argent ; mais cet argent fondu & refroidi ayant été dissous dans l'esprit de nitre, la même quantité de poudre noire se précipita de nouveau, & cette poudre remise au feu avec le borax, reproduisit la même quantité de métal indissoluble.

Ce Curieux fort étonné, ne pensoit pas alors

que des agens auſſi ſimples que les vapeurs ſulfureuſes & l'eau, avoient pu opérer une telle ſingularité. Il ne réfléchiſſoit pas que quelques portions d'argent, extrêmement diviſées par les vapeurs ſulfureuſes, & condenſées de nouveau, pouvoient former un corps plus compacte, différemment combiné avec le phlogiſtique, & donnant moins d'accès aux acides diſſolvans. Non, cette idée ne le frappa nullement. Au contraire, il eſſaya de former directement au feu divers alliages d'or & d'argent, pour imiter ce produit métallique ; mais jamais il n'obtint ni ſa peſanteur ſpécifique, ni ſa qualité indiſſoluble. Enfin, mon cher Nadir, plus tu feras de réflexions, plus tu reconnoîtras l'évidence des principes que je viens de t'expoſer.

En effet, répondit Nadir, vos principes portent un caractère de vérité, qui me frappe & m'élève. Combien de prétendus Savans, plongés dans un cahos d'inepties, ont forgé d'inſipides allégories, de fades énigmes, dont ils ignoroient eux-mêmes le ſujet ! Avec quel enthouſiaſme ces fameux Alchimiſtes ou Adeptes ne nous parloient-ils pas d'un mercure particulier qu'ils n'ont jamais connu, & ce mercure étoit, ſelon eux, *le principe univerſel, un humide premier né, un diſſolvant radical.* Il s'agiſſoit pour l'obtenir, de séparer le pur de l'impur d'un corps, d'en obtenir les élémens dans leur dernier degré de pureté, & ensuite de les réunir; mais comme le pur & l'impur ne sont que des mots pour exprimer ce qui nous affecte diversement, & que ce pur & cet impur sont également des combinaisons des élémens, après avoir obtenu les élémens purs, ils les rendoient donc impurs, puisqu'ils les mêlangeoient de nouveau. Non, c'étoit toute autre chose. Sur des millions, milliards de combinaisons, résultantes des diverses proportions de ces élémens, ils tomboient justement sur une proportion qui formoit, non pas des substances, telles que nous les présente la Nature, mais une poudre merveilleuse, qui convertissoit en or pur les plus vils métaux; & cette poudre, devenue fluide, étoit une huile admirable, dans laquelle tous les corps se convertissoient en leurs premiers principes. Il est certain que de pareils raisonneurs n'avoient pas le sens commun, car en supposant que ces Alchimistes eussent pu composer un pareil dissolvant, premièrement, & c'est ce qu'on leur a déja observé, en quel vase ce dissolvant auroit-il pu être formé?

Secondement, puisque ce dissolvant devoit dissoudre tous les corps, & les réduire en leurs premiers élémens, ces Alchimistes auroient donc obtenu dans leurs vafes merveilleux, d'abord pour première couche, une terre nullement malléable & plus dure que le diamant, puifque tel eft l'état de la terre pure. Pour feconde couche de l'eau glacée, car l'eau privée de feu n'eft certainement pas fluide. Enfuite de l'air, mais de l'air, fans doute, bien tranquille. Enfin le feu, qui n'eft autre chofe que la lumière agitée, auroit voltigé dans ce vafe par-deffus les autres élémens, fans fe mêler avec eux, malgré fa fubtilité; & qui donc auroit produit tous ces miracles? Un diffolvant. Expliquons ce mot. Un compofé de plufieurs élémens, & ce compofé auroit exactement féparé les élémens. Ormafis, ce tableau de l'orgueilleufe ignorance de plufieurs Auteurs, préfente actuellement à mes yeux toutes les nuances de leur ineptie.

Je vois donc, mon cher Philofophe, que le travail de la Nature, dans l'élaboration des métaux, eft de combiner beaucoup de phlogiftique avec la terre. Je conçois que cette terre, divifée par une longue circulation de vapeurs fulfureufes, devient plus compacte lorfqu'elle fe condenfe de nouveau, parce que fes parties ayant été plus divifées, font plus fufceptibles de fe réunir intimement, & de former des maffes plus privées d'eau & plus pefantes, telles que font les métaux. Ces vérités font d'une simplicité qui m'étonne. Mais vous m'avez promis de m'expliquer la formation des pierres précieuses, voyons à présent quelle est à cet égard la marche de la Nature.

Comment, répondit le Philosophe, tu ne devine point quelle est cette marche? Hé! mon Ami, c'est la même qui a formé des métaux. Crois que la Nature ne multiplie point inutilement ses opérations. Les pierres que l'on nomme précieuses, à cause de leur dureté & de leur éclat, ne font qu'une terre divisée par des vapeurs moins phlogistiquées, que celles qui ont formé des métaux, laquelle terre, en se condensant, retient plus d'eau & moins de phlogistique que celle des métaux. — Quoi, Ormasis, voilà donc toute la différence de formation des pierres précieuses d'avec celle des métaux? — Oui, mon Ami, & ne vois-tu pas en effet que les métaux se vitrifient, lorsqu'ils perdent au feu une partie de leur phlogistique? — J'en conviens, mais si les pierres précieuses ne différoient des métaux, qu'en raison de ce qu'elles contiennent un peu plus d'eau & moins de phlogistique, pourquoi ne formeroit-on pas des métaux avec des cristaux & des pierres précieuses, en les combinant avec une quantité de phlogistique. —Nadir, ce seroit peut-être le travail le moins extravagant, dont tes Alchimistes auroient pu s'occuper, mais juge encore quelles seroient les difficultés pour réussir, puisque l'Art ne peut pas même rappeller certains métaux vitrifiés à leur premier état métallique. Tu sais, par exemple, que l'étain exposé à un feu violent, se convertit en verre, & que ce verre ne reproduit plus de l'étain. Au moins ce n'est point par des inflammations vives que l'on parviendroit à le régénérer. Ce n'est point non plus dans le foyer des volcans que la Nature produit des métaux & des pierres précieuses. As-tu jamais vu du cristal dans des pierres ponces? Au contraire, les feux violens & long-tems soutenus, détruiroient entiérement les cristaux & autres pierres précieuses, de même que tu vois les cristaux de tes verreries, qui d'abord ont acquis une certaine dureté par le feu, & qui, exposés de nouveau à un feu plus actif & plus long-tems soutenu, perdent enfin leur transparence, se divisent & s'évaporent en partie. N'imagine donc pas que l'on puisse jamais former des pierres précieuses ou des métaux aux foyers de tes meilleurs miroirs. Je viens, mon Ami, de t'exposer quel est le travail paisible de la Nature dans cette formation. Sois certain qu'il n'y en eut jamais d'autre.

Tout ce que vous me dites, mon cher Ormasis, est de la plus grande évidence; mais vous l'avouerai-je, cela est si simple, si simple, que j'hésite à le croire. Me voici dans la position de ces gens qui, après avoir raisonné à perte de vue sur un tour de gibecière, croient à peine que la manipulation qu'on leur indique est le principe du prestige. Je fais actuellement des réflexions sur les moyens de perfectionner les métaux. En suivant vos principes, je vois donc qu'au lieu de torréfier le minéral au sortir de la mine, il faudroit au contraire l'exposer à une nouvelle circulation de vapeurs sulfureuses, & ensuite condenser ces vapeurs avec de l'eau. Quoi donc, ce travail simple suffiroit-il pour qu'il se formât dans ce minéral une plus grande quantité de métal parfait? — Nadir, en t'exposant fidèlement mes observations sur le travail de la Nature, je n'ai point prétendu, pour assertion de mes principes, te donner le moyen d'imiter toutes ses productions. Hé! mon Ami, serois-tu plus heureux d'obtenir tout-à-coup ce pouvoir? Il ne te resteroit rien à desirer. Travaille, mon cher Nadir, écarte peu à peu le voile qui te cachoit de grandes vérités. Chaque partie que tu découvriras, te procurera de nouvelles délices, & ne sais-tu pas que pour l'espèce humaine la gradation du plaisir est la véritable jouissance.

CHAPITRE XXV.

L'ŒIL s'habitue aux plus beaux spectacles. On est d'abord transporté. L'admiration succède. Ensuite on regarde sans émotion. Enfin l'on s'ennuie. Il n'en est pas de même des raisonnemens instructifs. Ils font sur l'esprit des impressions plus constantes. Nadir rêve en silence. Il ne s'occupe presque plus des richesses qui l'environnent, mais les explications du Philosophe élèvent son ame. Cependant il lui reste encore des objections à faire. Je conçois, dit-il, l'action des vapeurs sulfureuses pour la formation des métaux; mais, si ces principes sont invariables, pourquoi existe-t-il des mines de soufre où l'on ne trouve pas un atôme de métal ? — Souviens-toi, répondit le Philosophe, souviens-toi donc que la formation des métaux dépend d'une division considérable, & de la grande circulation des vapeurs sulfureuses. Or, dans des terreins moins échauffés, où les vapeurs sulfureuses sont condensées presqu'aussi-tôt après leur formation, on ne doit donc trouver que du soufre & point de métaux. Il est d'ailleurs une vérité adoptée & démontrée par quelques-uns de tes Savans, c'est qu'il n'y a point de soufre, point d'acide vitriolique, dont la base ne soit elle-même une terre métallique.

Présentement, mon Ami, tu vas concevoir d'où provient la transmutation continuelle des terres & des pierres. Il est à cet égard une observation frappante. N'as-tu pas vu, en certains endroits, que l'eau qui coule sur les pierres les détruit insensiblement ? Cette eau courante tient donc en dissolution les parties terreuses qu'elle a divisées. Plus elle est condensée, plus elle retient longtems en dissolution ces parties terreuses. Lorsque cette même eau parcourt des terreins plus échauffés, elle devient plus raréfiée, plus légère ; alors elle laisse précipiter les terres qu'elle a divisées, & ces terres précipitées forment tantôt des masses de même nature, & tantôt d'une nature différente, suivant le degré de division qu'elles ont éprouvé, & la quantité de parties d'eau engagées dans leurs interstices. Voilà le véritable principe de la transmutation des terres & des pierres. Ce principe est encore celui de toutes les pétrifications de végétaux ou animaux. En effet, ces dernières substances sont des cribles qui se dilatent dans un terrein un peu échauffé, & que certaines eaux chargées de matière terreuse peuvent pénétrer avec facilité. Ces mêmes eaux, devenues encore plus raréfiées dans ces petits tubes capillaires, y déposent les matières terreuses qui se rassemblent, & forment des pierres d'autant plus dures, qu'elles étoient plus divisées. Tu vois donc combien cette pétrification est réelle. Tu vois en même-tems combien ces grands mots de *sucs lapidifiques* étoient mal imaginés, pour exprimer un effet si simple & si sensible.

Fort bien, reprit Nadir, je vois que les corps minéraux, végétaux & animaux, se transmuent l'un dans l'autre : je pensois cependant que la terre calcaire qui résulte de la décomposition des animaux, ne changeoit pas de nature. — En ce cas, répondit le Philosophe, tout le globe seroit une terre calcaire. En effet, calcule le poids de la terre, relativement au poids d'un globe de terre d'un pied de diamètre; observe en même-tems quel est à-peu-près le poids de tous les animaux qui ont couvert la terre depuis des milliers d'années. D'après cette comparaison de poids, je te défierois de me présenter une once de terre qui ne fût pas de la terre calcaire.

Permettez, repliqua vivement Nadir, permettez-moi de vous observer, que les animaux ne contiennent pas autant de terre que vous le présumez. La preuve, c'est que les terreins dans lesquels on dépose journellement des corps privés de la vie, ne paroissent pas augmenter de hauteur après un nombre d'années. — Mon Ami, cette observation ne signifie rien. Examine donc les choses plus en grand. Réfléchis que la terre formatrice des animaux est d'une volatilité singulière, eu égard à la quantité de phlogistique qu'elle contient. Considère que toutes les parties charnues animales, dont la base est une terre extrêmement phlogistiquée, communiquent aussi du phlogistique aux terres qui les couvrent, & font encore volatiliser une partie de cette terre; & l'évaporation de cette terre volatilisée, peut égaler en quantité celle des ossemens qui est plus fixe. Voilà donc pourquoi, dans l'espace de plusieurs années, on n'apperçoit sur ces terreins ni élévation, ni diminution sensibles. Il résulte encore que cette terre animale, volatilisée est élevée dans l'atmosphère, qu'elle s'y trouve ensuite condensée par le froid à une hauteur plus ou moins grande, & que relativement aux courans d'air, elle tombe souvent à plus de mille lieues de son point de départ sur d'autres terreins, où elle sert de nouveau à l'accroissement d'autres animaux, ou végétaux ou minéraux. Nous ne répéterons point à cet égard ce que nous avons dit. Qu'il te suffise d'être assuré que tous les composés changent de nature. Ce Chymiste, par exemple, qui avoit

l'amourl'amour-propre, de croire que les sels étoient indécomposables, parce qu'il n'avoit pu réussir à en décomposer un seul, fut très-étonné de voir un autre Chymiste réduire en terre pure une masse de sel alkali. Mon Ami, aucun corps n'est immuable. L'or & les pierres précieuses ne sont pas exceptés de cette loi, quoiqu'ils soient, à la vérité, plusieurs siècles à subir des changemens sensibles. Enfin le mouvement change les formes constituantes des corps. Les formes changent les pesanteurs, & les pesanteurs changent le mouvement. Telle est la chaîne circulaire dans laquelle la Nature balote sans cesse tous les êtres matériels. Si les combinaisons des vingt-quatre lettres de l'alphabet ont paru innombrables à tes calculateurs, juge combien la diversit' immense des formes & les différens degrés de mouvement, peuvent former de combinaisons dans les proportions des élémens, dont les divers degrés sont eux-mêmes inappréciables au calcul.

CHAPITRE XXVI.

Tout-a-coup Nadir se lève avec vivacité. Mon cher Philosophe, vous me rendez coupable d'ingratitude. Vous me faites tant de plaisir ; vous m'occupez à tel point, que j'oublie entiérement l'objet qui vous intéresse. Mon devoir est de vous en faire souvenir. Ce métal électrique, ce funeste métal, dont je suis bien éloigné de souhaiter la découverte, j'ai promis de le chercher avec vous. Dites-moi, je vous prie, sous quelle forme il existe dans votre planète? Avançons, pénétrons dans ces crevasses qui ne sont pas éloignées de nous. Vous me verrez m'exposer volontiers aux plus grands dangers. Cependant vous êtes devenu un être essentiel pour moi. Si je vous perds, je gémirai, je serai malheureux. N'importe, je dois sacrifier mon bonheur à la reconnoissance. — Mon cher Nadir, mon digne Ami, ce trait généreux augmenteroit mon attachement pour toi, si mon cœur pouvoit recevoir de nouveaux sentimens.... Mais, il est rempli. Restons encore ici un moment ; viens, continua-t-il, en lui tendant la main, viens te rasseoir. Te voilà au point où je désirois, te voilà devenu curieux des plus belles connoissances de la Nature ; il est tems que je te détrompe sur mon origine. Mon Ami, l'Histoire que je t'ai racontée est entièrement fabuleuse. J'ai voulu captiver ton attention par des merveilles : je t'ai inspiré beaucoup de curiosité. C'étoit le moyen le plus sûr pour te donner du goût, pour adoucir en même-tems l'âpreté des dissertations les plus abstraites. Tel a été mon unique but. Apprends qui je suis. — Mon cher Philosophe, interrompit vivement Nadir. Vous me ravissez.... Quoi.... vous resterez donc toujours avec moi, ô ! mon Ami, nous serons tous heureux. Que je vous pardonne de bon cœur cette supercherie. — Mon cher Nadir, ma véritable origine ne sera peut-être pas moins intéressante pour toi. Ecoute.

HISTOIRE D'ORMASIS.

Mon véritable nom est *Zirmen*, celui d'Ormasis me fut donné par de bons & honnêtes Sauvages : je le conserve par reconnoissance. Je suis né dans Aden. Cette Ville, comme tu le sais, fut toujours la plus florissante de l'Arabie heureuse. Les Arts & les Sciences y étoient en considération. Mon pere, grand Philosophe, s'y étoit acquis, à juste titre, une haute réputation. Il auroit pu l'étendre fort au loin, mais il ne voulut jamais écrire, ce qui fut cause qu'on l'oublia bientôt après sa mort. *Geber*, ce fameux Chymiste, du Royaume de Fez, & d'autres Chymistes du même Pays, étoient venus plusieurs fois visiter mon pere, & s'instruire, car il possédoit des connoissances sublimes en tout genre, & sur-tout dans la Médecine. Physicien éclairé, Chymiste profond & plein de confiance en ses idées, ses cures étoient innombrables. Il faut tout dire. Mon pere étoit fort riche. L'envie de faire fortune n'avoit jamais restreint son génie, & il n'entreprit de conserver la vie à ses compatriotes, qu'après s'être bien assuré qu'il ne leur causeroit jamais la mort.

Aussi-tôt que mon pere se mêla de guérir des malades, on fut très-étonné de ses traitemens. Souvent il alloit voir des sujets que l'on croyoit moribonds. Il n'ordonnoit que de l'eau distillée & du repos. On se regardoit avec surprise, & si son désintéressement ne l'avoit pas mis à l'abri de tous reproches, on l'auroit accusé de voler l'argent. Cependant ces prétendus moribonds recouvroient la santé, & malheur à ceux pour qui l'on exigeoit de quelques autres Docteurs des remèdes plus compliqués. Quelquefois au contraire il ordonnoit des remèdes violens à des sujets attaqués en apparence d'une légère indisposition; mais enfin il parvint à une méthode de guérir, aussi ingénieuse que secourable pour l'humanité. Je vais t'en faire part.

Ce grand homme m'accoutumoit à penser de bonne heure. Quelques talens agréables qu'il me faisoit acquérir, ne devoient servir, disoit-il, qu'à me délasser de l'étude, pour m'y livrer ensuite avec plus de courage. Enfin, j'avois passé l'âge de l'adolescence. Il m'expliquoit ses opérations, & ne me faisoit mystère d'aucuns de ses secrets. (Plût à Dieu qu'il eût mis plus de bornes à cette confiance.) J'étois donc un jour avec lui dans son cabinet: Zirmen, me dit-il, tandis que tous nos Docteurs s'empressent à glisser un poison dans le sang des hommes les mieux portans, essayons au contraire d'inoculer l'antidote des poisons, & de détruire le germe des maladies. Différens sucs balsamiques de nos plantes, portés directement dans la veine, agiront sur le sang avec bien plus d'efficacité, que des remèdes altérés par des digestions pénibles, qui ne font souvent qu'augmenter le mal. Nous allons faire quelques expériences. En effet, mon père atteignit une quantité d'extraits de plantes en liqueur, & numérotés selon les degrés de fermentation qu'elles avoient subi. Il fit venir du sang nouvellement tiré d'un animal. Pendant qu'il faisoit ses préparatifs, Mon fils, me dit-il, sais-tu pourquoi le repos est nécessaire à tous les animaux? En voici la raison. Plus l'homme fait d'exercice, plus son sang se raréfie par la chaleur. Alors ce sang qui se raréfie augmente nécessairement de volume. Il occasionne donc une pression sur le genre nerveux, & gêne enfin les mouvemens. Tel est le principe physique de ce qu'on appelle la fatigue. Telle est la cause qui oblige nécessairement les hommes à prendre du repos, afin que leur sang se condense de nouveau, & ne foule plus le genre nerveux. Passons actuellement au principe des maladies. Je t'ai démontré que toutes les espèces y ont des rapports. C'est toujours le sang qui devient vicieux. Supposons un homme qui se livre aux excès de la table. Il y a dans son estomac une pression considérable, alors une lymphe grossière passe plus facilement au travers des pores, elle se mêle avec le sang, & dérange la circulation. Cette lymphe est plus ou moins acide ou alkaline, plus ou moins phlogistiquée, ce qui occasionne aussi divers accidens. Alors la diète & l'eau ne sont plus suffisantes pour guérir un tel malade. Mais les remèdes connus jusqu'ici ne sont quelquefois pas assez prompts. Il faut donc, mon cher fils, attaquer directement le sang. Si par les pores qui servent à la transpiration, les hommes les mieux constitués pompent des vapeurs contagieuses, qui leur donnent des principes de mort, pourquoi en leur inoculant des remèdes salutaires, ne leur conserverions-nous pas la vie ? N'est-il pas démontré que la seule application de certaines plantes opère des guérisons constantes. Par exemple, un sujet tourmenté de la fièvre la plus opiniâtre & la plus invétérée, n'est-il pas guéri en peu de jours, lorsqu'on lui applique sur les poignets, à l'endroit où bat l'artère, la plante nommée *cariofilata*, pilée avec une pincée de sel marin ? Cette guérison n'est-elle pas radicale, puisqu'il n'en résulte jamais d'accidens, & n'est-il pas évident que ce remède attaque en effet le principe de la maladie ? Or, que ne devons-nous pas efpérer en inoculant des extraits fubtils, propres à entretenir dans nos liqueurs une fluidité toujours égale, & capables peut-être d'empêcher les dépôts qui fe forment dans nos articulations, & qui arrêtent peu à peu nos mouvemens, en nous conduifant à la caducité.

Au même inftant mon pere commença fes expériences. On lui avoit apporté du fang dans un vafe de verre à double fond. Ce double fond ne fervoit qu'à contenir de l'eau chaude & entretenir la chaleur. Je vis bientôt des chofes auffi furprenantes qu'inftructives. — Tantôt par des principes muqueux & alkalins, il vicioit ce fang, au point d'être très-épais & prefque noir. Tout-à-coup une goutte d'un extrait de plante rendoit à ce fang fa fluidité. Tantôt il le faifoit devenir entièrement jaune, divifé par couches, & pour ainfi dire, décompofé. Tout-à-coup une autre goutte jettée fur ce fang, s'étendoit affez vivement dans la maffe, mêlangeoit de nouveau ces divifions & reftituoit la couleur. Je le vis enfuite pofer du fang fous une cloche de verre, & le combiner avec des émanations phlogiftiquées ; puis arrêter fur-le-champ l'agitation, le gonflement que ce liquide avoit éprouvé. Ce qui

SANS PRÉTENTION. 265

m'étonnoit, c'étoit de voir qu'il restituoit toujours au sang son état naturel, sans y causer la moindre effervescence. Je lui fis part de ma surprise. Mon Ami, me dit-il, tu vois que je n'emploie pas ici des acides & des alkalis simples. Leur effet direct seroit trop actif. Il faut qu'ils soient enchaînés dans des principes huileux ou mucilagineux, & c'est ce que la Nature nous offre dans diverses plantes, dont il faut non-seulement connoître les principes, mais encore les changemens que ces principes éprouvent à l'air lorsqu'on les extrait. Je te montrerai cependant en quelles proportions on peut ajouter les acides minéraux dans ces différens extraits. Présentement, continua-t-il, tu dois concevoir qu'un sang échauffé est un sang raréfié, & qu'un sang rafraîchi est nécessairement condensé. Voici, à cet égard, une liqueur, dont la propriété va te paroître singulière. Tu vas voir à quel point on peut rafraîchir & condenser le sang.

En effet, mon père en versa une goutte sur une quantité de sang qui étoit dans son état naturel, & dans lequel il avoit plongé un thermomètre. Je vis, avec surprise, ce sang diminuer considérablement de volume, & en même-tems le thermomètre descendre de huit degrés. Enfin, ce sang se figea avec égalité dans toute sa masse.

Ce n'est pas tout, me dit mon pere, tu vas voir quelle est la subtilité de cette liqueur sur la circulation d'un animal vivant. Il fut chercher un oiseau, & ayant imprégné une éguille de cette liqueur, il l'en piqua légèrement. Aussi-tôt l'oiseau s'endormit. Bientôt il cessa d'exister, sans donner aucuns symptômes de douleur. J'ouvris promptement ce petit animal. Je lui trouvai le sang coagulé & presque froid. Surpris de cet effet, effet bien autrement actif que celui de l'opium non fermenté, je demandai à mon pere quel étoit le remède pour une telle piqûre. Il en est un, me dit-il, & il réussit toujours lorsqu'on l'administre à tems. C'est le vinaigre concentré; mais pour éviter tous accidens, passons promptement au feu cette éguille empoisonnée, afin qu'elle perde sa funeste vertu. Je ne sais, mon cher Nadir, quelle fatale curiosité me fit demander avec instance d'où provenoit cette liqueur prodigieuse qui empoisonnoit un fer avec tant de subtilité. Mon pere ayant toujours en vue mon instruction & les démonstrations théoriques, céda donc à mon empressement. Il m'apprit que c'étoit un mêlange de fiel de bœuf, avec le suc d'une plante assez commune dans nos Pays : il m'indiqua en même-tems les proportions nécessaires. Ma curiosité satisfaite à cet égard, s'étendit enfin fur d'autres objets. Je ne doutai pas, d'après tout ce que j'avois vu, que mon père ne parvînt à inoculer des remèdes falutaires dans les circonftances les plus dangereufes.

L'occafion fe préfenta. On vint le prier de vifiter un malade, que deux Médecins défefpéroient de guérir. Mon père qui fe faifoit un devoir d'entreprendre la guérifon d'un homme, en tel état qu'il fût, me propofe de venir avec lui, & de nous charger de nos remèdes nouveaux. Il prend, felon fon ufage, un petit aréomètre gradué, garni d'un thermomètre. Il prend auffi un tube de verre fermé par un bout, & dans lequel l'aréomètre entroit aifément. Nous ne perdons pas un inftant. Il étoit queftion de la vie d'un homme; nous marchons avec vîteffe. Nous arrivons. Il étoit tems. Nous vîmes d'abord une femme aimable qui nous parut accablée de douleur, & qu'on éloignoit de l'appartement du malade, pour lui éviter le fpectacle funefte de fon Ami, expirant. Elle tendit les bras vers mon pere. Hélas! lui dit-elle, homme auffi refpectable que favant, je crains bien que vos foins.... Elle ne put en dire davantage. Mon pere, pour toute réponfe, accourut promptement vers le malade. Il étoit agonifant. Les deux Docteurs étoient préfens. Monfieur, dirent-ils, il n'y a plus de ressources. En ce cas, répondit mon père, essayons un nouveau traitement. Aussi-tôt, tandis que les Docteurs lui expliquoient les principaux accidens de cette maladie, il ouvre la veine du mourant, & parvient à tirer dans son tube de verre environ une demi-once de sang. Que faites-vous, dirent les Docteurs, c'est une éruption qui ne peut avoir lieu, il faudroit pousser du centre à la circonférence ; & vous au contraire vous allez rafraîchir par une saignée. Ah ! Monsieur, quelle bévue ! — Un moment, Messieurs. Je ne prétends pas qu'ici la saignée soit un remède. Et en parlant avec eux, il avoit déja trempé l'aréomètre dans le sang qui étoit dans le tube. Il avoit aussi exposé aux vapeurs de ce sang & à la transpiration du malade, des morceaux d'étoffe teinte d'une couleur légère, dont les changemens lui indiquoient les degrés d'alkalescence ou d'acidité. Enfin, après avoir mûrement observé les résultats, quoique avec promptitude, il choisit une des petites bouteilles que nous avions apportées ; il trempe un peu de charpie dans la liqueur qu'elle contenoit. Il rouvre un peu la veine du malade ; & il applique cette charpie avec une compresse.

Les Docteurs qui ne s'attendoient pas à cette opération, gardoient alors le plus profond silence.

Mon pere qui obfervoit continuellement le pouls du malade, s'apperçut qu'il devenoit moins intermittent. Mon fils, me dit-il, vas chercher cette femme qui nous a émus par fon affliction. Dis-lui qu'elle ne perde pas l'efpoir, & qu'elle revienne ici : je veux lui procurer un fpectacle intéreffant. Juge, mon cher Nadir, combien cette commiffion étoit flatteufe pour moi. Je fortis avec un tranfport de plaifir. Une Efclave me conduifoit ; elle couroit, & je trouvois qu'elle n'alloit pas affez vîte. Je parvins dans le fallon où étoit cette femme : je la trouvai évanouie. On s'occupoit à la faire revenir. Mais, qu'apperçois-je auprès d'elle. Une jeune fille, une fille charmante, qui prodiguoit à fa mere les foins les plus empreffés. Elle la carreffoit. Elle l'appelloit par les noms les plus tendres. Cette voix étoit fi agréable, fi touchante.... Mon cher Nadir, je ne puis t'exprimer quelle commotion je reffentis en voyant cette jeune beauté en pleurs. Il eft dans la vie certains coups de la Nature que l'on n'éprouve qu'une fois. L'accident de fa mere étoit peu de chofe. J'ouvris promptement un flacon plein d'æther, que je portois toujours fur moi. Tu fais qu'il n'eft aucun remède qui agiffe avec autant de vîteffe & de fuccès fur le fluide nerveux. Je lui en fis avaler :

à l'inftant elle reprit fes fens. Venez, Madame, lui dis-je, avec vivacité, mon pere fe flatte, & il ne fe flatte jamais en vain. Il m'a envoyé vers vous. Le malade, qui eft fans doute votre époux, n'eft point dans un état défefpéré. — Ah! fe peut-il, s'écria-t-elle, ah! Monfieur, quelles obligations!.... Comment pourrai-je fuffire à la reconnoiffance. ... Ma chere fille, ma tendre Azéma, viens voir ton pere. La jeune Azéma revenue de la première furprife que je lui avois caufée, embraffoit fa mere, & la fuivoit.

Que vîmes-nous d'abord en approchant de l'appartement du malade ? Les Doéteurs aux genoux de mon pere. Vous me rendez confus, leur difoit-il, ces vives inftances de votre part décèlent chez vous le plus grand zèle pour l'humanité, & vous élèvent à mes yeux. Combien de vos pareils attribueroient au hafard ce que je viens de faire, relevez-vous donc, Meffieurs; je vous jure que dans peu de tems je vous mettrai entièrement au fait de cette méthode curative. A peine eus-je entendu ces dernières paroles. Être charmant, m'écriai-je, en prenant la main d'Azéma, votre pere eft entièrement guéri. La divine Azéma m'écoute avec faififfement. Elle ne peut me répondre. Le plaifir l'en empêche. Elle me ferre la main.... Elle me regarde... Dieux ! quel regard !.... Mon exiftence me parut trop foible pour les fentimens que j'éprouvai. Oui, je défirois que la Divinité multipliât mon être.

Enfin nous avançâmes au lit du malade. Il dormoit d'un fommeil tranquille : fon époufe, fa chère Zélis, le contemploit avec des larmes de joie. Elle jouiffoit, comme l'avoit annoncé mon père, d'un fpectacle vraiment intéreffant. Le vifage de Cador (c'étoit le nom du malade) annonçoit déja toute la fraîcheur de la fanté. Mon pere me regardoit en filence. Il me témoignoit fa joie, il jouiffoit auffi de la mienne, mais il ne favoit pas encore combien j'étois enivré. Je poffédois un fentiment délicieux que je n'avois pas encore connu. Il porta cependant les yeux fur la jeune beauté qui étoit préfente, il nous examina, & bientôt il foupçonna de l'amour dans mes regards.

Tout-à-coup Zélis s'avança vers lui. Homme divin, dit-elle, par quelles marques pourrois-je vous témoigner tout ce que je vous dois. Votre générofité trop délicate empêche fouvent qu'on ne reclame vos bontés. L'on craint d'en abufer. C'eft ce qui m'a mis dans le cas de n'ofer m'adreffer à vous qu'à la dernière extrémité. Mon pere répondit à Zélis par des reproches obligeans.

Peut-être, lui dit-il, ſerez-vous dans le cas de me rendre ſervice pour un de mes Amis. En même-tems il me jetta un coup-d'œil malin. Je rougis. Il me devina. Cette converſation auroit peut-être embarraſſé Azéma, & mon père lui-même, que Zélis preſſoit de s'expliquer, mais elle fut interrompue par une ſcène non moins agréable.

Cador ouvre les yeux, & regarde d'un air étonné Zélis qui s'avançoit vers lui. Quoi, ma chère Zélis, te voilà !... Tu m'as donc ſuivi dans ces demeures paiſibles, où..... Mais que vois-je ! Mon Azéma..... Ces Meſſieurs. Me voici donc encore...... J'exiſte..... Et je ne ſouffre plus. Dis-moi, Zélis, dis-moi, à quel Ange tutélaire dois-je ce changement ? Auſſi-tôt mon pere lui eſt montré par Zélis. Il le reconnoît. Vous êtes, lui dit-il, mon ſecond Créateur...... Souffrez. Il prend une des mains de mon père ; il la ſerre dans les ſiennes. Quel tableau, mon cher Nadir, quel tableau de l'humanité attendrie ! Mon père embraſſe Cador. Ils éprouvent l'un & l'autre l'enthouſiaſme du bienfait. Cador à chaque mouvement ſent ſes forces renaître ; il les emploie à exprimer ce qu'il doit à ſon libérateur. Nous avions tous les larmes aux yeux, c'étoit les larmes du ſentiment. Je m'avançai plus proche

proche de lui. Quel est, demanda-t-il à mon pere, d'une voix un peu plus assurée, quel est ce jeune homme qui me paroît s'intéresser à mon sort ? — C'est mon fils. — Ah! le digne jeune homme: il a déja les vertus de son pere. Je desire qu'il soit toujours heureux. Peut-il manquer de l'être! Mon plus grand bonheur, lui répondis-je, est de voir le changement que vous venez d'éprouver, la joie de Zélis, celle d'Azéma. — Bon jeune homme, si je puis jamais reconnoître.... Mon pere l'interrompit, pour lui ordonner de prendre quelque nourriture: il la lui prépara lui-même. Les Docteurs se retirèrent fort satisfaits de la promesse que leur renouvella mon pere. Enfin nous restâmes plus de quatre heures avec notre convalescent, & nous ne sortîmes qu'avec promesse de revenir le lendemain de bonne heure. J'éprouvai à cette séparation momentanée, combien mon cœur étoit engagé.

CHAPITRE XXVII.

TU présumes bien, mon cher Nadir, avec quelle vivacité je complimentai mon pere. Je ne tardai pas à lui ouvrir entièrement mon cœur. Il connoissoit ma passion. Mais ! que j'avois de plaisir à lui en parler, à lui raconter les détails qu'il ignoroit, la situation d'Azéma auprès de sa mere évanouie, ses soins empressés, sa tendresse, cette éloquence de l'ame peinte sur sa figure, ce ravissement lorsque je lui appris la guérison de son pere. Mon Ami, me dit-il, avec transport, cet amour filial décèle toujours un caractère heureux, & chez la belle Azéma il annonce le bonheur qu'elle doit procurer à un époux. Sois heureux. Je t'approuve. Embrasse-moi. Demain je fais les demandes.

Mon pere n'avoit d'autres enfans que moi, & une sœur, avec laquelle j'étois lié de la plus étroite amitié. Je fus promptement lui détailler mon avanture, & lui confier ma passion ; elle y prit la part la plus sincère, & curieuse de voir Azéma, il fallut que mon pere lui promît qu'elle viendroit avec nous le lendemain.

Ma passion naissante étoit trop vive, pour que

je m'appliquasse alors sérieusement à d'autres objets. Azéma occupoit toutes mes facultés. Enfin l'Aurore parut. Mon pere cédant à mon empressement, accéléra l'instant de notre visite. Nous arrivons chez Cador. Pouvois-je espérer un coup-d'œil plus intéressant. Il se promenoit. Zélis & Azéma étoient à ses côtés. Il accourt, oui, Cador accourt vers mon pere, car il jouissoit déja de ses forces. Il ne sait comment exprimer sa reconnoissance. Mon cher Cador, lui dit mon pere, je viens proposer à la charmante Azéma une bien bonne Amie; c'est Zirphile, c'est ma fille; elle est digne de son amitié. Déja les ames de ces jeunes personnes avoient volé l'une vers l'autre. Elles s'embrasèrent avec un empressement égal, & ce baiser expressif fut le signal d'une union qui ne fut jamais troublée.

Tandis que je félicitois ma sœur sur la découverte d'une telle Amie. Je surpris les yeux d'Azéma fixés sur moi, & j'y crus voir beaucoup d'intérêt. J'étois au comble du plaisir. Cependant j'écoutois mon pere. Il avoit tiré un peu à l'écart Zélis & Cador. J'entendois quelques mots. Jugez, disoit Zélis, jugez du plaisir que vous nous faites. Vous réalisez des projets dont nous nous occupions avant que vous arrivassiez. Oui, répondit mon pere, mais j'ignorois la fortune que

Cador destinoit à sa fille. Je vous l'avoue, j'aurois peut-être été moins empressé.... En vérité, interrompit Cador, est-ce vous, mon cher libérateur, que l'on pourroit jamais soupçonner de.... Je n'entendis plus rien, parce que je suivois Azéma & ma sœur, qui, en conversant, s'éloignoient de plus en plus. Je jugeai que mes affaires étoient en bon train. Peu de tems après on nous appella. Zélis fit à voix basse quelques questions à sa fille. Azéma répondit assez haut pour être entendue. Ma mere, lui dit-elle, depuis ma plus tendre enfance j'ai toujours connu l'étendue de vos bontés. Vous me laissez ma liberté. Vous m'assurez que dans le cas où quelque répugnance m'éloigneroit, ah ciel! De quel objet? Du fils de notre libérateur. De lui, ma mere...... Ah! pour vous prouver combien je suis éloignée d'être aussi injuste, jouissez de toute ma confiance. Je ne crains pas aujourd'hui de vous faire un aveu. Dès l'instant même où ce jeune homme aimable, entré dans votre appartement, vous rendit l'usage des sens, je ne sais pourquoi je fus enchantée de lui avoir des obligations: je pouvois à peine les lui exprimer. Chacune de ses paroles portoit dans mon ame des sensations si nouvelles....... Enfin, que vous dirai-je ; il ne sortira jamais de mon cœur. Azéma s'apperçut qu'elle avoit pu être entendue. Elle rougit. *Zirmen*, s'écria sur le champ mon pere, embrasse ton épouse. Juge, mon Ami, avec quelle vivacité, avec quelles délices j'avançai vers la belle Azéma. Mais elle échappe de mes bras, & court elle-même embrasser mon pere. C'est à présent, lui dit-elle, homme bienfaisant, que je peux vous témoigner librement toute ma reconnoissance. Je vous dois les jours de mon pere : partagez avec lui, non-seulement ce nom qui m'est si cher, mais les sentimens de mon attachement le plus tendre. Je ne puis t'exprimer, mon cher Nadir, quelle fut la surprise agréable, ou plutôt le saisissement de mon pere. Ce Savant, ce grand Philosophe, qui, depuis quinze ans, occupé uniquement de ses travaux, ne se croyoit plus susceptible d'être affecté de ce qu'il nommoit des petites situations, Azéma, la jeune Azéma lui fait verser des larmes de tendresse. Enfin, tous mes vœux furent remplis.

Plus je vivois avec Azéma, plus mes sentimens étoient réfléchis, plus ils devenoient délicieux. Cette femme charmante étoit créée pour mon bonheur; mais en est-il qui soit durable? Un accident affreux interrompit bientôt nos plaisirs.

A peine les fêtes charmantes que mon pere

& le riche Cador s'étoient empressés de nous donner, étoient-elles finies; à peine un mois de plaisirs étoit-il évanoui comme un songe, que nous éprouvâmes la douleur la plus vive. Mon respectable pere, Ami d'un Chymiste, grand travailleur, fut invité de venir voir une volatilisation d'or, par un procédé singulier. C'étoit malheureusement une de ces invitations agréables pour mon pere, & auxquelles il ne pouvoit résister. Il se rendit donc chez son Ami. Il y avoit quelques autres Curieux qui s'y trouvèrent aussi. Le Chymiste jetta dans sa cornue deux onces de poudre d'or préparée sur huit onces d'alkali volatil sulfureux. C'étoit par ce mêlange, disoit-il, qu'il avoit obtenu une huile pourpre, dont les effets sur les métaux avoient paru surprenans. La cornue ayant été recouverte d'un dôme de pierre, il mit le feu dans le fourneau. Mon pere curieux, ainsi que trois autres personnes, de voir la sortie des premières vapeurs qui alloient passer dans le récipient, étoit fort proche du fourneau, & n'avoit aucune défiance. Hélas! pouvoit-il prévoir que son malheureux Ami, qui fut également victime de son erreur, avoit pris un paquet pour autre, & avoit mis dans la cornue, au lieu de son or préparé par l'eau de chaux, un précipité d'or ammoniacal, c'est-à-dire, un or fulminant. Peu à peu le mêlange s'échauffe. Tout-à-coup une explosion plus terrible que celle de la foudre.... C'est assez t'en dire. Un seul des Assistans qui étoit au coin du laboratoire, fut un peu moins maltraité, en ce qu'il ne mourut que quatre heures après cet accident, ce fut de lui qu'on en apprit l'origine. On trouva aussi dans le laboratoire une partie de cet or fulminant qui étoit encore en nature.

Il est inutile que je t'expose quelles furent les suites cruelles de cette scène tragique. Nos douleurs, nos gémissemens. Enfin, nous abandonnâmes la maison de mon pere, pour nous retirer chez Cador. Ma femme & ma sœur étoient devenues des Amies inséparables. Chacun de nous étoit dans l'affliction, chacun de nous cherchoit à renfermer sa douleur, & à distraire les autres. Tu connois quels sont mes principes sur l'ame; c'étoit ceux de mon pere. Je les communiquai à notre société. Elle les adopta. Le sort d'un homme qui a cessé d'exister, ne nous parut plus si funeste. Nous eûmes sur ce point des réflexions, des conversations aussi étendues qu'intéressantes. Ma chère Azéma devenue plus instruite, ajoutoit à cette philosophie des réflexions sublimes. Je devins moi-même son admirateur. Enfin nous parvînmes à nous consoler. Je t'avoue que sans cette façon de penser, je n'aurois jamais pu résister aux nouveaux chagrins que la destinée me préparoit.

J'eus de ma tendre Azéma une fille, qu'elle ne manqua pas d'allaiter & d'élever elle-même. Ce joli enfant, que nous chérissions, étoit également l'objet des caresses de Zélis, de Cador & de ma chère Zirphile. Je passai donc rapidement quatre années dans un cercle de bonheur. Mais enfin, c'étoit à l'instant même où j'éprouvois avec plus de sensibilité les délices de mon sort, qu'un coup affreux me réduisit au désespoir.

Mon amour pour les Sciences augmentoit tous les jours. Je regrettois les instans précieux dont je n'avois pas assez profité. Un homme trop jeune a bien l'amour-propre de vouloir s'élever au-dessus des autres; mais il est rare qu'il connoisse le véritable vol du génie. En effet, j'avois la simplicité de préférer l'étude des petits talens à celle des connoissances de la Nature. C'étoit même quelquefois par complaisance que j'écoutois les instructions de mon pere. Enfin je connus, mais trop tard, combien deux mois d'application, suivie avec ce grand homme, m'auroit épargné de travail. Ses dernières expériences m'avoient entièrement deffillé les yeux. J'aurois dû dès ce moment recueillir fes leçons, écrire fes procédés. Mais, pouvois-je m'attendre qu'un homme qui commandoit à la fanté, & avoit furpris à cet égard le fecret de la Nature, devoit périr auffi promptement.

Il me fallut donc étudier les premiers principes de la Chymie. Je les enchaînai tous à des principes phyfiques. C'eft ainfi que je voulus raifonner fur toutes mes opérations. Par exemple, en examinant des morceaux d'étoffes colorées, expofées long-tems à l'air, j'obfervois que certaines couleurs fujettes à être détruites par les acides, étoient plus promptement enlevées pendant l'hiver que pendant l'été. Je concluois donc que l'air étoit plus chargé d'acides en hiver qu'en été. Enfuite le raifonnement phyfique venoit à l'appui de cette conclufion. L'acide, me difois-je, eft un des fels les plus pefans dans l'atmofphère. Or, plus l'air eft condenfé, plus il peut tenir de ce fel en diffolution. Alors je ceffai d'être furpris de ce que dans les pays du Nord, où l'acide eft plus abondant, & où le phlogiftique a moins d'action, il y ait moins d'air contagieux, moins de maladies peftilentielles ; je conçus enfin une raifon pourquoi certains fruits, tels que l'orange ou autres, y confervent toujours une faveur acide, l'expérience m'indiquant d'ailleurs que le phlogistique corrige la saveur acide.

Enfin, en réfléchissant à cet autre principe inverse, que plus l'air est raréfié, moins il soutient de sels en dissolution, je cessai d'être étonné d'obtenir dans des capsules exposées sur le feu au courant d'air, des combinaisons salines, parce que l'air ambiant en se raréfiant par le feu, & devenant plus léger, laissoit nécessairement déposer des sels, devenus spécifiquement plus légers que lui. De-là je réfléchis que ce même principe occasionne la calcination des métaux au feu & à l'air libre, qu'il occasionne aussi l'augmentation de leur poids; que si certains métaux, tel que le cuivre, n'augmentent presque pas de poids à la calcination, c'est parce qu'ils éprouvent une telle division, qu'une grande partie s'envole alors avec les vapeurs les plus légères. Ce dont je me convainquis, en exposant, par exemple, un papier blanc aux vapeurs du cuivre lorsqu'on le calcine, & remarquant que ce papier se coloroit en verd. Je me gardai donc bien de croire que le feu condensoit l'air. Je voyois au contraire que l'air, en devenant plus léger, laissoit précipiter sur les métaux les sels qu'il tenoit en dissolution. Je réfléchis en outre sur la variété du poids que pouvoit aussi occasionner l'absence ou la présence du phlogistique. Enfin je m'appliquai à décomposer des plantes, à connoître leurs principes muqueux, acides & alkalins plus ou moins phlogistiqués, les changemens que ces plantes éprouvent par les différens degrés de fermentation, le moyen de fixer les degrés de fermentation, la méthode pour former des extraits toujours semblables. Bientôt je me crus en état de travailler sur le sang humain. Je parvins à connoître les principes constitutifs du sang d'un homme bien portant, quel est aussi le degré de chaleur nécessaire à ce sang, & sa pesanteur absolue. Enfin j'en étois aux expériences curieuses de mon pere. Je me flattois qu'en peu de tems j'allois être en état de faire d'heureux essais sur mes semblables, & qu'il me seroit aisé de conserver long-tems, non-seulement la santé, mais encore les charmes de ma tendre Azéma. Grand Dieu! pouvois-je deviner que dans une de mes préparations, j'avois au contraire apprêté le coup fatal qui alloit...... Oh, mon cher Nadir, écoute ce récit; il t'attendrira. Tu plaindras ton Ami. Tu gémiras sur son sort. Tu verseras quelques larmes; mais bien loin que ces larmes soient des preuves de foiblesse. Tu sentiras ton ame s'élever en payant ce tribut à l'amitié.

Tu te rappelles, sans doute, cette expérience

singulière, par laquelle, en mêlangeant en certaines proportions le suc d'une plante avec du fiel, mon pere rafraîchissoit & condensoit subitement une masse de sang. Je répétai cette expérience avec succès ; mais je cherchois à tempérer la vivacité de cette liqueur, pour en composer des remèdes salutaires. Je trempois donc des éguilles dans diverses combinaisons : je piquois des petits animaux, & j'étudiois les effets variés qui en résultoient. Un jour j'étois fort occupé de ces objets, un Esclave vint frapper à mon laboratoire. C'étoit quelqu'un qui me demandoit. Je sortis avec vivacité, afin de me débarrasser promptement de cette visite, & revenir à mes observations. En effet, il s'agissoit d'une affaire très-peu importante, & sur laquelle on venoit réclamer mon avis. Je revins sur le champ. Je crus m'appercevoir qu'il me manquoit une de mes éguilles. Cependant comme je n'en étois pas très-assuré, & que d'ailleurs j'avois eu le soin de fermer la porte de mon laboratoire, je ne fis pas une perquisition très-exacte. Hélas ! je ne prévoyois pas que cette funeste éguille avoit pu être transportée dans un des plis de mon habillement, & tomber sur le parquet du sallon où j'avois reçu cette visite.

J'allois assez souvent sur une de nos montagnes chercher, au lever de l'aurore, certaines plantes dont j'avois besoin. Quelquefois mon Azéma venoit avec moi. Nous montions sur les endroits les plus escarpés. Nous nous reposions ensuite sur les tapis de verdure. Il semble que dans ces lieux exaucés les cœurs s'épanchent avec plus d'influence. Nous admirions un cercle de variétés qui s'étendoit à perte de vue. Nous faisions des réflexions sur l'immensité de la création, & nos ames se portoient vers le Créateur, avec cette volupté qu'éprouvent les vrais Philosophes.

Un jour j'étois allé sur cette montagne. Azéma n'étoit point avec moi. Je me dépêchois de cueillir les plantes dont j'avois besoin ; mais comme le choix étoit difficile, je restai plus long-tems qu'à l'ordinaire. Je présume que ce fut cette raison qui me suscita des idées sinistres, car je n'ajoute aucune foi aux pressentimens. Je descendois la montagne avec promptitude. J'étois inquiet. Cet empressement que j'avois de voler dans les bras d'Azéma, étoit mêlé de crainte. Je frissonnois. A l'instant je vis un de mes Esclaves qui venoit à ma rencontre. Il accouroit. Nouveaux troubles. Une secrette horreur s'empare de mes sens. Je crains d'avancer. Il arrive. La tristesse est peinte dans ses regards. Je l'écoute en tremblant. Mon Maître, me dit-il, venez promptement. Vos secours seront peut-être.... — Mes secours, pour qui ? Explique-toi. — Elle est endormie, mais elle respire à peine. — Hé! qui donc ? Parle. — Hélas, votre...... — O, Dieux..... Azéma. — Mon cher Maître, elle travailloit à ce métier où elle brode des fleurs....... Je n'entendis pas le reste de son récit. Je devinai bientôt que cette funeste éguille.... Oui, j'étois le meurtrier de mon Azéma. Tout-à-coup mes forces renaissent ; elles étoient violentes ; c'étoient celles du désespoir. Une flèche lancée par un bras nerveux n'auroit pas devancé ma course. Je vole, j'arrive, je prends dans mon laboratoire du vinaigre concentré, avec une autre liqueur. J'entre dans la chambre d'Azéma. Juste Ciel! Quel tableau ! Cador & Zélis en pleurs, étoient auprès de leur chère fille. Ma sœur s'empressoit de lui faire prendre quelques eaux spiritueuses. Me voici, m'écriai-je, respire-t-elle encore ? Je m'élance vers Azéma. Je la soulève dans mes bras; son corps étoit glacé, ses yeux fermés, son visage pâle, & cependant ce sommeil mortel ne lui avoit point enlevé ses charmes. Je lui fais avaler une dose de vinaigre : j'en attends l'effet. Je pose ma main sur son cœur. Attentif à mon observation, j'étois moi-même immobile. Hélas! je ne sens aucuns mouvemens renaître. J'approche vers sa bouche un morceau d'acier poli. Cette substance froide, & sur laquelle la respiration la plus légère porte à l'instant des vapeurs condensées, ne me présente pas le moindre nuage. Cependant il me restoit encore une dernière ressource. Elle fut bientôt mise en usage. Je me détermine à ouvrir la veine : j'y introduis un peu du dissolvant que j'avois apporté. J'apperçois que plusieurs gouttes de sang reprennent leur fluidité. Un rayon d'espoir semble luire & ranime mon courage. Je fixe ma chère Azéma. Je vois ses paupières s'agiter. Son corps se réchauffe. O! Ciel, m'écriai-je, est-ce une illusion ? Azéma m'est-elle rendue ? Cet essai dangereux que je viens de faire m'auroit-il réussi.... Mon désespoir a donc vaincu la Nature.

Enfin Azéma ouvre les yeux. Azéma existe. Elle me regarde avec attendrissement. Elle me parle. Hélas! pouvois-je prévoir que l'Art n'avoit fait qu'arracher à la Nature le tribut des derniers efforts. Zirmen, me dit-elle, mon cher Zirmen tu veux me rappeller à la vie........ Il n'est plus tems....... Je sens que ma destinée m'entraîne..... Il faut obéir.... Ne t'afflige pas.... Et vous, chers auteurs de mes jours, & toi mon aimable Zirphile, soyez sûrs que j'existerai toujours parmi vous..... Je vous recommande ma chère fille. Zirmen, ô, mon Ami, homme vertueux, inculque lui de bonne heure ces grands principes sur l'Être suprême, ces principes vrais, & qui font aujourd'hui ma félicité. Encore une fois, mon cher Zirmen, ne t'afflige point. Apprends ce que je viens d'éprouver..... Ce cahos, ce vuide impénétrable, cette nuit éternelle, enfin ces images funèbres, dont les foibles génies font cruellement affectés, ne font que des songes imposteurs. Le Maître du monde ne détruit les humains, que pour annoblir leur être.... A peine un sommeil profond eut-il engourdi mes organes, que je sentis une nouvelle exiftence, une exiftence libre que je ne puis te définir. Mes penfées s'élevèrent au point, que je conçus dans l'inftant ce qu'étoit l'immenfité de l'efpace, & l'origine du mouvement. Tu ne faurois t'imaginer quels plaifirs je reffentis. Ces connoiffances admirables me rapprochoient de plus en plus de celle de l'Être suprême. Quels tranfports ! Ah, mon Ami, ceffe de me plaindre. La Divinité, mon cher Zirmen, la Divinité, conçois ce mot délicieux..... Nos ravissemens, lorsque nous l'admirions ensemble, n'étoient qu'un foible prélude de ceux que j'éprouve..... Cependant, mon Ami, ne hâte jamais le coup qui doit t'y réunir avec moi. Il eft

des

des vérités que tu ne peux encore concevoir. La vie la plus étendue n'est qu'un instant, un songe; mais il faut que l'homme s'occupe de ce songe. L'étude des grandes vertus a des rapports avec l'Être suprême, & des rapports que ton ame ne peut encore discerner. Adieu, mon tendre Ami..... Adieu...... Mes forces m'abandonnent..... Embrasse-moi...... Chers auteurs de mes jours, & vous, ma chère Zirphile, que je reçoive vos dernières caresses..... Zirmen, ton art.... tes efforts sont inutiles..... Laisse....... Déja j'éprouve...... Oui, le même état.... dont..... Être suprême....... Que ne puis-je exprimer à mon Ami..... Fais-lui éprouver.... délices....

Telles furent les dernières paroles de ma chère Azéma. Ce tableau, quoique consolant pour l'humanité, ne me présentoit alors que les ombres de la douleur. Jettons un voile sur la situation accablante où je me trouvai réduit. Enfin j'engageai Cador, Zélis & ma sœur à quitter notre patrie. Ces lieux, que la présence d'Azéma m'avoit rendus si chers, m'étoient devenus insupportables. Nous nous retirâmes à Hispaham. La variété d'objets procura quelque diversion aux chagrins de mes Amis, mais les miens étoient trop concentrés. Ma chère fille, cet enfant que j'idolâtrois, rappelloit toujours à ma mémoire la perte affreuse que j'avois faite. C'étoit déja le portrait de sa mere; c'étoit ses traits, ses charmes en miniature. Le croiras-tu ? cette jouissance qui devoit être pour moi doublement intéressante, enfonçoit de plus en plus le poignard dans mon cœur. Je pris le parti de voyager, & d'abandonner pour quelque tems mon enfant aux soins de Cador, de Zélis, & à ceux de ma chère Zirphile. Ces tendres parens consentirent à ce voyage, espérant qu'il contribueroit à ma consolation.

Je parcourus beaucoup de Pays. Ma curiosité pour les Sciences étant excitée par des objets continuellement variés, allégeoit le poids de mes chagrins. Il y avoit déja trois ans que j'errois chez diverses Nations. Je recevois de tems à autre des nouvelles de mes Amis. Ma sœur me mandoit les progrès de ma chère fille. Elle m'assuroit que le développement de son esprit égaloit celui de sa beauté, qu'elle avoit déja des sentimens peu communs à son âge. J'éprouvai tout-à-coup un vif desir de la revoir, & ce desir m'offrit enfin des rayons de joie. Je me figurois déja que je l'instruisois, que j'écoutois ses questions, qu'elle contestoit mes réponses, qu'elle les applaudissoit, que j'étois son Ami : l'Ami de mon enfant, est-il un titre plus agréable ? Ah !

mon cher Nadir, j'étois encore éloigné de goûter ces plaisirs. Une tempête me jetta sur des rivages inconnus. Obligé de demeurer neuf ans avec des Sauvages, sans aucune possibilité de donner de mes nouvelles ou d'en recevoir, sans doute que l'on me crut péri. Je n'entrerai à cet égard dans aucuns détails. Je te dirai seulement que je sentis alors quelles étoient les conséquences d'une bonne éducation. En effet, quelques talens utiles & agréables, quelques expériences ingénieuses, des instructions simples & fidèles me mirent en considération parmi ces bonnes gens. Ils m'avoient donné les secours de la Nature, je leur présentai ceux de l'Art : ils les trouvèrent agréables, & n'en devinrent pas plus mauvais. Jamais la vraie Philosophie ne gâta l'espèce humaine.

Enfin un Navire que la fureur des vents conduisit dans ces parages, m'offrit l'occasion de revoir des Amis, qui ne comptoient plus sur mon existence. J'arrive à *Guzarate*, ô, Ciel ! qu'apprends-je ? La Perse détruite, la ville d'Ispahan pillée par les Turcs. Les Habitans massacrés ou conduits en esclavage. C'en est fait, m'écriai-je, si la vie est un songe, ce songe est trop cruel ; c'est assez dormir, il est tems d'exister. Mais au moins avant de vaincre ma destinée, goûtons le plaifir de la vengeance. Hommes cruels, vous vous êtes teints du fang de mes Amis. Cador, Zélis, Zirphile, auront expiré fous vos coups. Ma fille, ma chère fille, eft peut-être réduite à un efclavage cent fois plus affreux que la mort. Oh, vous Miniftres oififs, qui du fein de la moleffe ne formez fouvent des projets belliqueux, que pour fatisfaire votre avarice, c'eft votre cruauté qui a conduit ces bras mercenaires. C'eft vous qui faites le malheur d'un nombre infini de familles. C'eft vous qui défolez l'humanité. C'eft de vous dont je vais me venger. Vos titres pompeux ne font que les vaines expreffions d'une arrogance imbécille, ou plutôt des épithètes ironiques qui cenfurent votre conduite, & vous rendent encore plus méprifables à mes yeux. Rien ne peut vous fauver. Je vous empêcherai de caufer de nouveaux malheurs. Tu juges bien, mon cher Nadir, qu'après ces premiers tranfports je fus honteux de ma foibleffe. Avois-je feulement calculé fi cette guerre avoit été jufte ou injufte de la part des Turcs? Étois-je à portée d'en décider? Mais que veux-tu; un Philofophe eft un homme.

Bientôt je réfléchis qu'il étoit plus à propos de m'informer du fort de ma fille & de mes Amis. J'avois apporté avec moi quelques richeffes. Ne pouvois-je pas les tirer de servitude. Je me rends donc à Hispahan. Je fais une infinité de recherches. Elles sont toutes inutiles. On ne peut rien m'apprendre. J'écris enfin à un ancien Ami de mon pere, qui demeuroit à Bisance. Je lui envoie à-peu-près les signalemens des personnes dont je demandois information. Mon Ami, mon cher Nadir, tu vas voir la réponse. Cet écrit précieux fut le premier éclair de ma consolation. Je le porte sur moi. Le voici. Juge s'il fut fidèle.

Nadir a déja quelques pressentimens. Il ouvre rapidement la lettre & lit.

ALI HAASSAN
à
ORMASIS.

» Nos Marchands d'Esclaves n'ont que des
» notions incertaines concernant les personnes
» que vous m'indiqués. Les partages qui furent
» faits à Hispahan, auront sûrement occasionné
» leur séparation, & probablement n'ont-elles
» point été destinées pour cette Ville ; cependant
» on m'assure qu'il y a eu ici une fille d'Hispahan,
» de la plus rare beauté, sur laquelle on raconte
» une anecdote assez remarquable. Le Maître à
» qui elle étoit échue en partage, lui confia qu'il
» la destinoit pour le sérail de l'Empereur. Garde-

» t'en bien, lui dit-elle, je demanderois ta tête
» pour prix de ma première faveur. Garde-toi
» encore de me vendre à quelque Barbare, dont
» la vue me feroit odieuse; avant que tu rem-
» plisse ton marché, je saurois me délivrer de la
» vie, & tromper ton avarice. Songe donc à
» consulter mon choix avant d'engager ta pro-
» messe. Ce Marchand d'Esclaves, dont la grande
» passion étoit celle de gagner de l'argent, se
» trouvoit dans le plus grand embarras, lorsqu'un
» jeune Turc fut curieux de voir cette belle Per-
» sanne. Il étoit, dit-on, très-affable, très-spi-
» rituel. Après quelques instans de conversation,
» vous êtes, lui dit la jeune Esclave, le pre-
» mier être devant lequel je sente vivement l'hu-
» miliation de mon état. C'est parce que vous
» cherchés avec adresse à m'en déguiser l'horreur,
» que vous êtes vraiment grand à mes yeux. Ma
» fierté m'abandonne, mon désespoir ne me sou-
» tient plus. Aussi-tôt elle versa des larmes. Le
» jeune Turc tire à l'écart le Marchand d'Es-
» claves. Quoique ce dernier demandât un prix
» considérable, le marché fut bientôt conclu. Ma-
» dame, lui dit-il, vous êtes libre. Une somme
» pareille à celle que cet homme a exigé de moi,
» est encore à vos ordres. Commandez; c'est
» moi qui suis votre Esclave. En quel lieu désirez-

„ vous être conduite ? Hélas ! si quelque Amant
„ heureux a fait des impressions sur votre cœur,
„ vous n'entendrez jamais aucunes plaintes de
„ ma part ; vivez avec lui. Je vous jure de sacri-
„ fier mon amour à votre bonheur. Mortel gé-
„ néreux, répondit la jeune beauté, tu mérite
„ toute mon estime, je n'ai point encore éprouvé
„ les sentimens de l'amour. J'ai connu ceux de
„ l'amitié. J'ai perdu mes amis, mes parens, où
„ voudrois-tu que je portasse mes pas ? D'ailleurs,
„ te le dirai-je, à présent que je connois ton
„ ame, je sens que mon existence m'entraîne vers
„ toi. Oui, je desire que tu sois mon Ami, je
„ vais demeurer avec toi. Viens. Elle lui tendit
„ la main d'un air si touchant, que le Marchand
„ d'Esclaves, quoique d'un caractère féroce, en
„ fut lui-même attendri. Il n'a point oublié de-
„ puis deux ans les détails de cette scène, tant
„ ils lui parurent intéressans ; mais on ignore quel
„ est ce jeune Turc. Il ne demeure point à Bi-
„ sance. Il partit dès l'instant même avec la belle
„ Persanne. Voilà toutes les informations qu'il
„ est en mon pouvoir de vous donner. Je vous
„ souhaite, &c. &c „.

A peine Nadir eut-il commencé la lecture de
cette lettre, qu'il se précipita dans les bras de
son Ami. Il étoit lui-même ce jeune Turc. Oh !

mon cher Ormafis, s'écria-t-il, vous êtes donc le pere de Mirza. Quelle furprife ! Quel bonheur ! Voyez mes tranfports. Mirza, être charmant, tu ignores les plaifirs qui s'apprêtent pour ton ame fenfible. Cet homme, dont les connoiffances ont élevé ton ame, cet homme qui t'a caufé tant d'intérêt, il eft ton pere. Ah ! ma chère Mirza. Tu refufas conftamment de me détailler l'origine de tes malheurs. Tu ne voulus jamais préfenter à mon cœur que les nuances du plaifir ; Amante, auffi délicate que tendre, tu ne t'attends pas à cette furprife agréable. Mon digne Ami, mon refpectable Pere, fortons promptement de ces lieux. Volons vers Mirza.

CHAPITRE XXVIII.

Ormasis & Nadir s'étoient remis en marche. Ils suivoient la route la plus aisée qui devoit les conduire au sallon où étoient leurs Esclaves. Nadir ne tarda pas à demander à son Ami par quel heureux hasard il avoit pu découvrir sa demeure, pourquoi il avoit tardé si long-tems à se faire connoître. Mon cher Nadir, continua le Philosophe, à peine eus-je reçu cette lettre, que je me rendis moi-même à Bisance. D'après de faux indices, je parcourus presque toutes les villes de l'Archipel, je repassai par la Natolie. Je côtoyai encore les confins de la Perse, & je revins à Bisance. Tu ne saurois croire combien de ressources, combien de ruses je mis en usage, à quels dangers je m'exposai pour me procurer l'entrée de différens Sérails. Cette espèce d'arme que tu me connois, me sauva plus d'une fois la vie. Enfin fatigué de l'inutilité de mes recherches, je touchois au dernier moment du désespoir, lorsqu'un homme, qui me parut d'ailleurs assez éclairé, parvint à piquer ma curiosité sur un objet de sciences, & cette curiosité fut la source de mon bonheur.

Monsieur, me dit-il, j'ai été dans une carrière fort intéressante, qui est située à une demi-lieue de Chrysopolis. Malgré un bruit épouvantable qui se fait entendre lorsque l'on est un peu avancé dans les souterreins, j'ai osé parvenir jusqu'à un endroit extrêmement curieux. Mais j'avoue que j'ai tremblé en voulant suivre des chemins plus profonds. Je me suis arrêté. Quelques flammes qui s'y élevoient de tems à autre m'ont inspiré de la crainte, & je suis bien résolu de n'y plus retourner.

C'en étoit assez, mon cher Nadir, pour me déterminer à ce voyage. La curiosité me fit prendre des précautions, mais le désespoir seul pouvoit me faire braver des dangers aussi apparens. Mes deux Esclaves fidèles venoient toujours avec moi jusqu'au sallon. Peu à peu je parvins dans ces terreins chargés de richesses. Ce fut alors que je regrettai encore plus vivement la perte de ma fille & de mes amis. Enfin, me dis-je à moi-même, avant de quitter la vie, faisons des heureux.

J'avois l'habitude de venir me reposer chez de bons Villageois qui demeuroient à cinquante pas de cette caverne. Je leur fis des présens, en observant de proportionner mes bienfaits à leur état. Je me rendis donc bientôt dans ta Ville.

SANS PRÉTENTION. 299

Quoique Chryſopolis ne ſoit pas éloigné de Biſance, j'avois toujours été guidé ailleurs. Je n'y avois point encore porté mes recherches. A peine y avois-je reſté deux heures, que je remarquai dans mon Caravanſerail un homme d'un maintien embarraſſé. Il me paroiſſoit pénétré de douleur. C'étoit un titre pour avoir des droits ſur moi. Je l'interroge. J'apprends que ſa fortune étoit renverſée pour la ſeconde fois, qu'un jeune Habitant de cette Ville l'avoit déja obligé, & l'avoit obligé par des procédés auſſi nobles que généreux. C'eſt par cette raiſon, continua cet homme, que je n'oſe réclamer de nouveau ſes bontés. J'aime mieux, s'il le faut, périr de miſère. Tu devines bien qu'elle fut ma réponſe. Son ſyſtême me parut celui d'un homme délicat. Je doublai la ſomme qu'il déſiroit pour rétablir ſes affaires, & je n'exigeai de lui d'autre remerciement, que de m'indiquer la demeure de ſon homme bienfaiſant. Il s'empreſſe auſſi-tôt, & marche avec moi. Mes ſens furent tout-à-coup émus. Ce jeune Turc, ſi noble, ſi généreux, ne ſeroit-ce point le Libérateur, l'Ami de ma chère fille ? Je queſtionne mon conducteur. Nouveaux ſujets d'eſpoir, nouveaux ſujets de joie ; ce jeune Turc, dit-il, aime les Sciences ; il a d'ailleurs une Bibliothèque ouverte aux Savans.

Il a une Femme favorite dont on vante l'esprit & la beauté, mais son cœur est bien plus admirable. Elle va souvent répandre ses libéralités chez des familles malheureuses. C'est une mortelle accomplie. On ignore son origine. On croit cependant que c'est une des captives de la dernière guerre de Perse. Voici la maison. C'est assez, dis-je, à mon conducteur. Ah! mon cher Nadir, quelles nouvelles pour le pere de Mirza!

J'entre dans ta Bibliothèque. Il y avoit du monde. On te nomme, on te parle, je t'examine, & je sens déja pour toi l'impression de la plus vive amitié. On t'interroge sur la santé de Mirza. Mirza, ce nom si cher à mon cœur, je l'entends prononcer. Je vois avec quel plaisir tu écoute. Il n'y avoit plus de doutes à former. J'étois transporté de joie; cependant je ne voulois pas encore me faire connoître, je lisois un livre avec une attention simulée. Ah! mon Ami, si tu m'avois regardé, j'étois trahi. Je vins plusieurs jours dans ta Bibliothèque, sans parvenir à t'y rencontrer seul. Enfin le déménagement de tes livres me procura cette occasion tant désirée. Elle étoit très-favorable à mes desseins. Je t'avois jugé plus attaché aux Belles-Lettres qu'aux Sciences. J'estime, je chéris les Belles-Lettres, mais je désirois de te voir une passion plus décidée pour les hautes connoissances. Comment la faire naître. Comment t'inspirer à cet égard un goût aussi vif que le mien. Le pere de Mirza auroit toujours intéressé ton cœur, mais n'auroit-il point fatigué ton esprit ? Une origine merveilleuse me parut donc plus propre à piquer ta curiosité. Tu sais comment le hasard me servit. Ah ! mon Ami, conçois quels plaisirs j'eus à te voir attentif à mes dissertations. Juge quels transports j'éprouvai, lorsque ma Mirza, frappée de mes idées sur la nature de l'ame, vint m'exprimer sa reconnoissance. Enfin j'avois le cœur enivré. Ce fut dans cette circonstance, qu'entraîné sans doute à chérir l'Amie de ma fille, j'éprouvai pour *Fatmé* des sentimens qui m'étoient inconnus depuis long-tems. Tu m'avois confié ta façon de vivre. Je me livrai sans scrupule à cette nouvelle situation. C'est un charme de plus qui m'attache à la vie. Présentement je ne désespère plus de retrouver mes anciens Amis. Les traits du bonheur se multiplient comme ceux de l'infortune. Nous sommes à portée de faire les recherches les plus dispendieuses. Je me flatte qu'elles ne seront pas inutiles.

Ah! mon illustre Ami, s'écria Nadir, comptez aussi sur mes soins les plus empressés, qu'il me sera flatteur de pouvoir contribuer à une partie de votre félicité.

Nadir marchoit avec promptitude, & précédoit Ormasis de quelques pas. Tout-à-coup il apperçoit plusieurs hommes couchés sur le sable, dans diverses attitudes. Ils étoient habillés. Leur physionomie offroit l'image d'un sommeil tranquille. Frappé de cette rencontre, Nadir recule d'abord, mais enfin il s'approche, & voit que ces corps sont inanimés. Dans ce moment de surprise, il regarde fixement son Ami, & ce regard est une question.

Tu vois, lui dit le Philosophe, des malheureux qui, lors d'un tremblement de terre, furent engloutis dans une ouverture profonde. Il y a sans doute plusieurs siècles qu'ils reposent ici. La circulation de leur sang, subitement arrêtée à l'instant de leur chûte, ne leur causa ni douleur ni désespoir, c'est en partie ce qui a causé à ces corps une figure plus animée. Ils tombèrent sur ces monceaux de sable; leurs membres ne furent presque pas mutilés, & les voûtes de ces souterreins qui avoient été ouvertes, se sont sans doute refermées par une nouvelle commotion. Quant à leur parfaite conservation qui pourroit t'étonner, réfléchis que la pierre & les sables de cet endroit sont remplis de sels, que l'air lui-même en contient, qu'il y a moins de mouvement, par conséquent plus de froid. Or tu sais que l'air étant condensé, les molécules des cadavres ne peuvent se dilater ni se désunir, voilà pourquoi les sels conservent les corps. Ceci est encore une suite des loix des pesanteurs. C'est parce que l'air condensé pesant davantage sur les masses, & les pressant de tous côtés, empêchent qu'elles ne se divisent.

En raisonnant ainsi, le Philosophe s'empressoit d'éloigner son Ami de ce spectacle lugubre. Le croira-t-on, Ormasis conserve ce sang froid jusques dans une des plus cruelles situations de sa vie. Ces cadavres lui annoncent les plus grands malheurs. En effet, ce sont des victimes récentes d'un tremblement de terre qui s'est fait sentir à Chrysopolis. Il veut que son Ami l'ignore. Il disserte encore avec lui. Il l'instruit pour le distraire. Hélas! ce n'étoit retarder que pour un instant le désespoir de Nadir.

A peine eurent-ils suivi cette route, qu'Ormasis y remarque des changemens. Les terres sont éboulées, les pierres nouvellement brisées; & ces mélanges accumulés forment des masses impénétrables. Enfin il ne trouve plus d'issues. Comment peindre l'accablement de son ame; cependant il concentre sa douleur, il veut encore ménager son Ami. Mon cher Nadir, lui dit-il, retournons sur nos pas. J'oubliois de te

faire obferver.... Quoi, répondit Nadir ? — Peu de chofe...... Cependant...... Mon fils.....
— Ah, Ciel! Mon cher Ormafis, que vois-je.... Vous pâliffez. Pourquoi retourner fur nos pas ? Expliquez-vous.

Auffi-tôt Nadir cherche à éclaircir ce fatal myftère. Il accourt à l'endroit où repofoient les cadavres. Guidé par de funeftes foupçons, il les examine, il les touche, il fouille dans leurs vêtemens; enfin un porte-feuille, contenant des papiers datés du jour même, lui préfente les preuves certaines de fon malheur. Ah ! mon Ami, s'écrie-t-il, nous fommes perdus, je le vois. En vain voulez-vous me déguifer notre fort. Ces chemins font fermés. Un tremblement de terre aura...... Grand Dieu! fe peut-il qu'à l'ivreffe du plaifir le plus vif, fuccède toute l'horreur du défefpoir. Il faut donc refter dans ces abîmes..... Il faut donc périr..... Périr..... Mirza ;..... ma chère Mirza..... Je ne te verrai donc plus.... Ah ! mon pere.....

Tout-à-coup Nadir oppreffé par la douleur, tombe dans les bras de fon Ami. Ormafis s'apperçoit que Nadir chancelle, & perd fes forces; il s'empreffe à le foutenir, mais la lanterne qui les éclairoit, s'échappa des mains de Nadir, & les lampes s'éteignirent.

Quelle

Quelle situation pour Ormasis ! Seul au sein d'une nuit profonde, il soutient son Ami expirant. En vain il lui parle, en vain il l'appelle. Nadir, mon cher Nadir. Plus de réponse.

C'est dans cette dernière crise du chagrin, qu'un vrai Philosophe s'arme enfin d'un courage intrépide. Ormasis assied son Ami, & se mettant à genoux derrière lui, il lui soutient le corps & la tête. Jouissant alors de la liberté de ses bras, il débouche son flacon de vinaigre, & le présente à la respiration de Nadir. Il songe aussi à se procurer de la lumière. Il portoit sur lui un morceau d'acier trempé, du cristal de roche, des cartes soufrées, enfin ce qui lui étoit nécessaire à cet égard. Il ramasse la lanterne, & rallume les lampes. Il s'apperçoit que son Ami revient de cet évanouissement : il cherche aussi-tôt à faire luire dans son ame des rayons d'espoir. C'étoit le meilleur remède. Mon fils, mon cher fils, ne te décourage pas. Rappelle tes forces.—... Ah! mon pere, est-ce pour mourir mille fois ?—Non, mon Ami, rien n'est désespéré; suivons la même route que nous avons parcourue. Crois bien que nous réussirons à sortir de ces lieux. Peut-être même que de nouvelles issues.... — Mon cher Ormasis, vous voulez encore me flatter. Vous êtes vous-même bien persuadé que le sallon où nous devions nous rendre, est entièrement bouleversé; que le contre-coup a dû fermer aussi la route opposée qui nous a conduits ici........ N'importe: vous ranimez mon courage. Je suis honteux de cette foiblesse. Marchons; & s'il faut enfin céder à la fatalité du sort, ne cédons qu'après avoir combattu ses caprices.

CHAPITRE XXIX.

Nos Voyageurs suivoient exactement la même route qu'ils avoient parcourue. Ils marchoient en silence. Ormasis se reprochoit en lui-même l'imprudence avec laquelle il avoit exposé la vie de son Ami, & le bonheur de sa fille. Bientôt l'amour des Sciences, l'envie de faire des heureux, ces deux guides respectables qui lui avoient conseillé cette démarche, ne sont plus à ses yeux que de folles illusions. Il est des instans où le Philosophe ne raisonne plus avec autant de justesse. Il se garde bien cependant de manifester sa douleur; il ne cherche que les moyens de rassurer son Ami. Quant à Nadir, le généreux Nadir, il est bien éloigné de murmurer contre Ormasis. Il n'accuse que le sort. De nouvelles angoisses affectent encore leur esprit. Le tremblement de terre n'a-t-il point englouti plusieurs maisons de Chrysopolis? Mirza, Fatmé....... Cette idée les fait frémir, mais ils ne se la communiquent pas. Enfin, après une demi-heure de marche, ils arrivent dans ces terreins brillans, & chargés de richesses, dont Nadir avoit été si émerveillé. Grand Dieu, s'écria-t-il aussi-tôt, je connois aujourd'hui, plus que jamais, les véritables beautés de la Nature. Qu'est-ce que cette combinaison de poussière, emprisonnée dans ces antres obscurs, en comparaison de ces belles moissons, de ces arbres chargés de fruits, de ces riantes verdures, éclairées par les rayons du soleil ? Le premier homme qui pénétra dans l'intérieur de la terre, outragea la Nature. Ces sombres demeures n'étoient pas faites pour lui. — Mon cher Nadir, la position où nous sommes ne doit point nous rendre injustes. N'insultons point l'industrie des hommes. Au contraire, une des raisons qui doit nous enorgueillir & nous faire sentir le prix de notre existence, c'est la perfection des Arts. Les métaux enfermés dans le sein de la terre, ne servent-ils pas à obtenir sur sa surface des trésors multipliés ? Sans le soc d'une charrue, combien de tems faudroit-il pour forcer la terre à nous présenter ses productions ? Sans la faucille, quel travail pour les récolter ! Sans la serpette, obtiendroit-on aisément sur les arbres sauvages des fruits dont le goût délicieux est, pour ainsi dire, la création de l'industrie. Ah ! mon Ami, ne blâmons point chez les hommes les vrais caractères du génie.

C'étoit en raisonnant sur ces divers objets, qu'ils parvinrent à cet endroit effrayant, à ce chemin étroit & tortueux, dont les deux côtés étoient des gouffres profonds. Le bruit des eaux qui se précipitoient dans ces abîmes, augmentoit encore la tristesse de Nadir, & le pénétroit d'horreur. C'est précisément dans cet instant, que la lumière qui les éclairoit, s'affoiblit considérablement. Cette situation étoit affreuse. Ormasis s'en apperçoit. Mon Ami, dit-il, je présume que nous avons perdu une quantité d'huile, lorsque tu as laissé tomber nos lampes. Le sort nous poursuit : il nous poursuit cruellement. Il faut le vaincre. Arrêtons-nous un moment. Gardons-nous de nous exposer sur ce chemin sans prendre des précautions. Attends. Aussi-tôt Ormasis ramasse quelques pyrites ferrugineuses, il les brise entre deux pierres, & il charge Nadir de ces fragmens. Marchons à présent. Suis moi. Ne crains rien.

Lorsqu'ils furent environ à moitié de cette route dangereuse, les lueurs intermittentes de leurs lampes les éblouissoient au lieu de les éclairer. Ils s'arrêtèrent. Ormasis ouvrit le flacon d'huile de vitriol qu'il portoit. Il y jetta des morceaux de pyrites, & il alluma les vapeurs phlogistiquées qui s'en exhaloient. Cette lumière foible, bleuâtre, mais tranquille, suppléa aux lampes qui étoient éteintes. Combien de ressources les Sciences n'offrent-elles pas à ceux qui les cultivent! L'ingénieux, l'intrépide Ormafis conduit fon Ami d'un air affuré. Il parvient à lui infpirer de la confiance. Il jette de tems en tems dans le flacon de nouveaux fragmens de pyrites, & ce flambeau philofophique leur fournit une lumière fuffifante. Enfin les voilà hors de ce chemin dangereux. Il étoit tems. Déja la portion d'acide étant faturée de phlogiftique, ne caufoit plus d'effervefcence, plus de réaction, & par conféquent moins de mouvement. Cette lumière difparut. N'importe, dit alors Ormafis, ne t'effraye pas. Les étincelles que nous fournira le criftal de roche, feront actuellement fuffifantes pour diriger notre marche. Mais avant que d'aller plus loin, crois-moi, il faut acquérir des forces, afin de n'être plus obligés de nous repofer. Prenons une pincée de poudre nutritive. Donne-moi ta main. Voici le paquet. Bon. Ce filet d'eau de fource que tu entends tomber devant nous, va auffi nous défaltérer. Il eft même néceffaire que nous buvions, pour que cette poudre nous ranime. Avançons. A l'inftant même Ormafis frappe le criftal, & Nadir, à la lueur des étincelles, reçoit dans fa bouche l'eau qui tombe du rocher. Quel repas! Quelle fituation! Quel Peintre affez hardi oferoit entreprendre d'exprimer les reflets de lumière d'un pareil tableau.

Nadir en peu de tems s'apperçoit que ses forces ont augmenté. Mon digne Ami, s'écria-t-il, malgré la détresse où nous sommes, je ne puis cesser de vous admirer. Des connoissances sublimes, une patience infatigable, un courage invincible, voilà donc ce qui caractérise un vrai Philosophe. Mon pere, mon illustre pere, quelle gloire d'être votre fils! Oui, je mérite de l'être. Plus de foiblesse. S'il faut mourir, mourons avec courage. D'ailleurs je sens qu'il existe un être plus parfait, que la matière qui anime nos corps. Aussi-tôt que cet être *s'isole* de la matière, il jouit avec extase de toutes ses facultés, il jouit de toutes les beautés de l'Univers. Ah! mon pere, la mort n'est donc qu'un rideau effrayant qui nous cache une scène de plaisirs...... Cependant..... Mirza..... Ma chère Mirza..... Qu'il me seroit cruel de briser tes chaînes.

Ormasis pour distraire son Ami, l'interrompit sur le champ par une dissertation assez singulière, dissertation relative aux substances pesantes. Telles furent, dit-il, les premières réflexions qui me brouillèrent avec les Matérialistes. Je voulus un jour définir le mouvement. Oui, je conçois, me disois-je, qu'un corps en mouvement est une matière, mais le mouvement est-il lui-même une matière? Non. Je ne le conçois pas, ce mouvement; cependant il exiſte, cependant il affecte mes organes. Il peut donc y avoir des ſubſtances plus parfaites que la matière, & dont nous ne connoiſſons pas encore la nature. C'eſt ainſi que d'argumens en argumens mon exiſtence me devint précieuſe.

Le Philoſophe continuoit cette diſſertation intéreſſante, & Nadir s'en occupoit. Il y avoit déja long-tems qu'ils marchoient, & marchoient avec aſſez de vîteſſe. Ils ſe chargeoient tour à tour de frapper le criſtal, afin de reconnoître leur route. Enfin Ormaſis apperçoit l'ouverture par où ils devoient repaſſer. Il n'y avoit aucuns changemens. Prends courage, mon cher Nadir. Tu vois ici des ſujets d'eſpoir. Laiſſe-moi paſſer le premier. Ormaſis franchit cette ouverture. Nadir le ſuit. Ils ſe trouvent ſur la grotte ſablée attenante à ces vaſtes chemins, qui étoient ci-devant éclairés par les feux. Je vois, répondit Nadir, que les choſes ſont dans le même état. Je conçois auſſi pourquoi les feux ſont éteints, mais je n'en ai pas plus d'eſpoir. Et vous, mon cher Ormaſis, convenez avec moi que nous étions ici, lorſque ce tremblement s'eſt fait ſentir, & que l'éboulement a dû avoir lieu plus proche du ſallon, & par conſéquent dans les terreins qui nous reſtent à parcourir.

Les raiſonnemens de Nadir n'étoient pas dénués

de fondement. Ormasis lui-même avoit toujours la plus vive inquiétude, mais il se gardoit bien de la faire paroître. Enfin ils étoient sortis de ces chemins. Ormasis marchoit avec vîtesse dans des routes plus étroites; il vouloit être promptement instruit de son sort. Il étoit un peu en avant. Il voit le premier un sentier qui étoit à sa droite; aussi-tôt il jette un cri. C'étoit le cri de la joie la plus vive. Il se retourne vers son cher Nadir. Viens, la route est libre. Voici de la lumière. Elle s'avance vers nous..... C'est un de mes Esclaves. Accourons....... Hé bien, mon Ami, tu nous cherche, quelles nouvelles? — Ah! mon Maître, que nous étions inquiets. La terre s'est ouverte & refermée. — Où? — Dans le grand chemin. — Y a-t-il eu à Chrysopolis des maisons renversées? — Non, du moins chez ces Villageois, où j'ai été chercher du fourrage, on assure qu'on en a été quitte pour la peur.

Ah! Dieu, s'écria Nadir, vous êtes juste....: Mirza..... Quels plaisirs se préparent.... Mon pere, embrassez-moi.....

Cependant Ormasis continuoit d'interroger son Esclave. Notre traîneau est donc à la même place? — Oui. — Tu n'as donc pas craint de descendre ici? — Non, mon Maître. Vous aviez toujours dit qu'il y avoit de grands dangers dans ces souterreins : j'ai préſumé que vous pouviez avoir beſoin de ſecours, j'ai oublié les dangers. — Dis-moi, mon brave & honnête ſerviteur, que fait ton camarade ? — Il eſt dans le ſallon. Il a ſoin des chevaux. Il les a ſûrement attelés aux cordes du traîneau. Il vouloit deſcendre à ma place, mais nous avons tiré au ſort ; c'eſt moi qui ai eu le bonheur de vous aller chercher. — Mon fidèle Ami, le chemin par où je revenois ordinairement dans le ſallon, eſt-il encore dans le même état ? — Non, mon Maître, & c'eſt ce qui a cauſé nos frayeurs.

Nadir écoutoit cette converſation avec le plus vif intérêt. Bientôt ils arrivèrent où étoit le traîneau. L'Eſclave le tira avec force. C'étoit le ſignal convenu. Son camarade, voyant les cordes ſe mouvoir, fit marcher les chevaux. Nadir & Ormaſis ſe couchèrent promptement ſur cette voiture, & s'arrangèrent de façon qu'il y avoit une place pour leur Eſclave ; mais ce dernier ne voulut jamais y monter. Ormaſis & Nadir inſiſtèrent en vain. Je ne riſquerai pas, leur dit-il, que le trop grand poids faſſe caſſer les cordes, & puiſſe vous incommoder ou vous retarder. J'attendrai quelques heures, & lorſque mon camarade vous aura ſuivi juſqu'à l'entrée de la caverne, il reviendra me chercher.

Déjà la voiture s'élevoit avec assez de vîtesse, & gravissoit sur ce chemin, aussi glissant qu'escarpé. Il y avoit des passages presque perpendiculaires, qui obligeoient nos Voyageurs de se retenir aux cordes du traîneau. De tems en tems ils étoient arrêtés, mais Ormasis exposoit à son Ami, qu'après un espace de chemin, on étoit obligé de ramener les chevaux, & de les atteler à de nouvelles attaches, n'ayant point de cabestans. Qu'il est agréable, disoit Nadir, d'avoir des Esclaves comme les vôtres. Ce sont vraiment des Amis, & des Amis de la plus grande chaleur. Cependant, répondoit Ormasis, ceux-ci sont nés dans l'esclavage : ce n'est point l'éducation qui leur a suggéré cette délicatesse dont tu as été le témoin. — Je le crois, mon illustre pere, mais j'en vois l'origine. C'est vous qui annoblissez tout ce qui vous approche. — Mon fils, réservons les complimens pour nos tendres Amies. Elles sont sûrement inquiètes sur notre sort. — Ah ! mon pere, ah ! mon digne Ami, nous allons donc les revoir : nous allons donc être réunis pour toujours.

Enfin le traîneau parvint dans le sallon. Il est aisé de s'imaginer avec quelle vîtesse nos Voyageurs en sortirent. L'autre Esclave leur marqua toute sa joie. Il les conduisit avec les chevaux jusqu'à l'entrée de la caverne. Ces deux Amis reprirent leurs habillemens. Ils auroient pu continuer la route au grand galop des chevaux, afin d'être promptement rendus où le plaisir les appelloit. Non, ils se souviennent de cet honnête serviteur qu'ils ont laissé dans les souterreins ; ils se rappellent qu'il n'a pas même de lumière. Ils voyagèrent donc à pied ; mais avant de sortir de la caverne, ils recommandèrent à l'autre Esclave d'ajouter de la lumière au traîneau. Ces détails observés en une telle circonstance, prouvent que dans des cœurs vraiment généreux, le plaisir le plus vif n'engourdit jamais la bienfaisance.

CHAPITRE XXX.

On se rappelle avec quelle peine la sensible Mirza vit le départ de son cher Nadir. L'inquiétude dans le cœur, les larmes dans les yeux, elle interroge Fatmé. Cette tendre Amie fait tous ses efforts pour la rassurer. Elle lui rend compte des motifs du Philosophe. Elle lui représente, qu'un homme aussi éclairé, doit être d'une prudence consommée ; qu'il ne s'exposera sûrement à aucuns dangers ; que Nadir tranquille & satisfait, trouve probablement dans ces sombres cavernes des sujets d'amusement. Qu'il soit donc heureux, répondit Mirza ; cependant l'amour des Sciences est quelquefois une passion, & pour satisfaire une passion, l'homme oublie les dangers. N'a-t-on pas vu des Savans voyager d'un pôle à l'autre, affronter les caprices d'un élément perfide, braver les intempéries des climats, errer dans des déserts affreux, pour assurer un point de calcul, résoudre un problème astronomique, ou découvrir une plante. Ah ! si le défaut de prudence, en pareil cas, est un défaut utile à la société, crois-moi, notre cher Philosophe n'en est pas exempt. Et mon Nadir......... T'imagines-tu donc qu'un esprit aussi actif, aussi curieux que le sien, va réfléchir à des dangers? Non. Tu ne saurois croire quels frémissemens j'éprouve. Funeste science, puis-je te chérir, c'est toi qui as causé mes malheurs. Sans toi j'aurois eu le bonheur d'embrasser une mere, celui de chérir un pere..... Un pere, dont Zirphile m'a tant de fois vanté le mérite & les connoissances. Sans toi funeste science, ce tendre pere ne se seroit jamais expatrié, il ne seroit point péri dans le sein des eaux. Enfin mes parens qui m'aimoient avec tant de vérité, & qui prirent tant de soin de mon enfance, ne m'auroient point été enlevés...... Cependant si les notions que l'on a promis de me donner, pouvoient au moins me faire découvrir où sont ces têtes si chères. Si j'étois assez heureuse que Nadir........ Oui, mes frayeurs sont déplacées; Nadir va revenir; je ne craindrai plus de lui raconter des malheurs auxquels il pourra remédier. Je reverrai ma bonne Zirphile, Cador, Zélis. Je les tiendrai dans mes bras. L'amitié a, comme l'amour, ses instans voluptueux. Mon Nadir, mon généreux Nadir, partagera mes transports; ils en seront plus vifs. Mais, chère Fatmé, je n'y pense pas, tu ignore les tristes avantures de ma famille. Je vais te les raconter.

Aussi-tôt Mirza fit une narration qui toucha vivement son aimable Amie. Oh ! Ciel, s'écria Fatmé, s'il est vrai que tu applaudisse aux vertus, pourquoi ceux qui donnèrent le jour à Mirza, furent-ils malheureux ? Hé bien, digne fille d'un couple si intéressant : Dis-moi, ton pere, cet homme si touchant, ce tendre époux d'Azéma, cessa donc de donner de ses nouvelles. Oui, ma chère Fatmé. Huit années de silence nous assurèrent qu'il n'existoit plus. Zirphile, malgré ses soins pour me distraire, conservoit une secrette langueur, que je partageois avec elle. J'étois inconsolable. Pour comble de malheurs, tu sais qu'Hispahan fut subitement assiégée & prise d'assaut. Le Nautonnier, dont les organes sont engourdis par un breuvage, envisage de sang froid la fureur des flots. Mon désespoir fut pour moi ce breuvage. Je devins tout-à-coup insensible. Les vainqueurs insolens parvinrent jusqu'à nous. Ils chargèrent de chaînes Cador, Zélis & Zirphile. Je vis ce spectacle affreux sans verser une larme ; on les sépara de moi. Je leur tendis machinalement la main. Je ne les vis plus. Bientôt mes foibles attraits occupèrent ces hommes féroces. Je sortis un moment de cette léthargie de douleurs. Je voulus me poignarder. Ils m'en empêchèrent. J'allois être victime de leur brutalité, mais leur avarice l'emporta. Ils me vendirent à un Juif. Heureusement que ce Juif ne cédoit en rien à l'avarice de ses vendeurs. Il me respecta, parce qu'il craignoit de me perdre. Enfin je connus Nadir. Un hasard heureux l'offrit à mes yeux. Quel homme ! Quelle grandeur ! Quelle générosité ! Quels traits de feu se glissèrent aussi dans mon ame. Chère Fatmé, il ne vouloit que mon bonheur. Depuis ce tems je ne respire que pour lui. Croirois-tu que dans ces momens délicieux, où la Nature présente à ma jeunesse les plaisirs les plus vifs, je sens avec encore plus d'énergie la possession d'une ame comme la sienne. Oui, notre cher Philosophe a raison. Il existe chez nous un être précieux, qui est le moteur de notre imagination, & c'est ce moteur qui nous distingue des animaux. Ah ! chère Fatmé, que nous aurons de plaisir à entendre encore notre Ami. Nous lui ferons plus d'une fois répéter ses instructions. Mon Nadir est le digne élève d'un tel Maître. Nous tâcherons de l'imiter. Ormasis estime les femmes, tu le sais, il les aime, tu le sais encore, & certainement nos questions ne l'impatienteront jamais. Chère Mirza, répondit Fatmé, je t'avoue que j'éprouve aussi pour Ormasis des sentimens qui font mon bonheur, mais tu ne saurois t'imaginer combien

il

il t'eſtime, combien il a d'amitié pour toi. Je lé crois, répondit Mirza. Nadir & moi nous avons trop de plaiſir à le connoître, pour qu'il n'éprouve pas quelques-unes de nos ſenſations. Je penſe qu'il y a certains rapports dans les intelligences......

Mirza fut cruellement interrompue. L'aurore commençoit à paroître. Ses premiers rayons ſont tout-à-coup éclipſés. Un bruit ſourd ſe fait entendre. Un vent furieux ſe déchaîne. La terre tremble. Les ſecouſſes répétées font chanceler Mirza. Elle ſe précipite dans les bras de ſon Amie. Oh! Ciel, s'écrie-t-elle, mon Nadir..... Mon cher Nadir..... Quel ſignal affreux...... C'en eſt donc fait. Tu n'exiſte plus......Je le ſens. Fatal voyage! Funeſte curioſité.......Attends, je vais te ſuivre...... Terre cruelle, le corps de Nadir, le corps de mon Ami vient d'être anéanti dans tes gouffres enflammés....... Achève ton ouvrage; engloutis Mirza.... Non, tu me refuſe. Mes cendres ne ſeront point mêlées avec celles de Nadir............. Le bruit ceſſe................ Tout eſt fini...... C'eſt donc moi qui dois m'affranchir de mon ſort. Hé bien, chère & triſte compagne de mon infortune, mes ſiniſtres preſſentimens étoient-ils fondés? Nous avons été trop

X

foibles. Il falloit nous opposer à ce fatal voyage. Il falloit le défendre ; oui, le défendre : la tendresse a le droit de commander. Mon Nadir m'auroit obéi. Notre Philosophe n'auroit pu résister à tes ordres. Ils seroient ici...... Ils seroient ici.... Inutiles regrets, vain désespoir.... Mon ame tranquillise-toi. Bientôt tu jouiras de Nadir. Ma seconde existence va devenir la source d'un bonheur durable. Chère Fatmé, si le moment de cette transition est douloureux, rassure mon courage ; sers ton Amie ; donne-moi la mort.

Quelle situation pour la sensible Fatmé. Tremblante, agitée, accablée elle-même d'inquiétude, elle fait des efforts pour consoler son Amie. Mon aimable Mirza, pourquoi ce désespoir ? Qui t'a donc assurée que nos Amis sont péris. N'est-il pas des endroits dans la terre où l'on peut être à l'abri de ses explosions. Oui, crois-moi, nous allons bientôt les revoir. J'espère que...... Ce Philosophe intéressant. Cette ame si touchante......

Fatmé ne put en dire davantage. Des larmes trahirent ses efforts. Tu me trompe, répondit vivement Mirza, tu n'as point plus d'espoir que moi. Tu verse des pleurs : ah ! Fatmé.... il est un terme aux douleurs, nous pouvons le fixer.

— Ecoute, chère Mirza, j'avoue que je tremble

pour les jours de nos Amis, & je ne veux pas plus que toi leur survivre ; mais au moins assurons-nous de leur destinée. Si, par exemple, avant le coucher du soleil nous ne les voyons pas reparoître, je consens...... Soit, répondit Mirza, en serrant la main de Fatmé, je te promets jusqu'à ce moment, je te promets au moins l'apparence de la tranquillité. Telle fut leur dernière résolution.

Selim & Osman réveillés par la tourmente, étoient accourus chez Nadir, avec cette inquiétude si naturelle aux Amans. Laure & Sophie venoient d'entrer dans l'appartement de Mirza. Ils demandent aussi à y être admis. Ils apprennent avec chagrin l'absence de Nadir, & de ce Savant auquel ils avoient pris tant d'intérêt. Fatmé parloit peu. Mirza occupée des conjectures, n'y répondoit que par des soupirs. On veut la consoler. On veut la distraire. On parle de différens objets. On annonce d'ailleurs qu'il n'est arrivé aucun accident à Chrysopolis. Peu de tems après le Physicien arrive. Il est introduit dans l'appartement. Il assure que les secousses n'ont point été très-violentes, parce que le feu n'étoit sûrement que fort peu comprimé dans les entrailles de la terre, & qu'il n'y a peut-être eu que peu d'endroits qui aient reçu une vive commotion. Fatmé interroge le Physicien. Elle lui demande si des hommes qui se trouveroient en ce moment dans la terre, & aux environs d'une telle explosion, ne seroient pas exposés à une mort certaine. Pas toujours, Madame, répond le Physicien, cela dépend de l'élévation des terreins, relative à la direction du feu. Il est constant, que lors d'un tremblement de cette nature, il y a des endroits dans la terre où l'on seroit plus en sûreté qu'à sa surface.

Fatmé écoute le Physicien avec plaisir. Son cœur avoit encore la force de chercher des motifs d'espoir ; celui de Mirza refuse d'en admettre. On l'oblige de se promener. Les heures qui s'écoulent sont des siècles. Elle fixe de tems en tems son Amie, & lui répète ces mots désolans : *Tu vois comme ils arrivent :* quelle journée ! Cette maison de Nadir, ce palais de délices, n'étoit plus qu'un théâtre de douleur. Laure & Sophie inquiètes du sort de leur généreux Ami, versoient aussi des larmes.

Il étoit quatre heures après-midi, lorsque le vieux Sangiac parut. Il prit beaucoup de part à cette situation. Cependant, leur dit-il, consolez-vous. Si nos Amis ont été courir autour de la Ville, il ne leur est sûrement rien arrivé. Il n'y a eu qu'une seule ouverture sur la grande route, à une demi-lieue d'ici. Il est vrai que trois personnes ont été englouties, mais on a vu ces personnes au moment de leur malheur; on les connoît; on les nomme. Soyez bien tranquilles, ce ne sont point nos Amis.

A ce récit imprévu, Mirza frémit; Fatmé pâlit; leurs yeux se rencontrent. Ce qui ranime l'espoir des autres, est précisément le coup qui les accable. Le vieux Sangiac continua de raconter toutes les histoires qu'avoient occasionnées ce tremblement de terre. Des Héros désarçonnés, des Princesses trompées, des Maris qui ne s'attendoient pas aux visites de leurs femmes, des Femmes qui ne s'attendoient pas aux visites de leurs maris. Enfin il tâche d'égayer ses histoires. Inutiles efforts. Personne ne s'amuse.

Cependant l'heure s'avance; Mirza regarde le soleil. Déja ses rayons commençoient à être interceptés par les montagnes. Elle fait un signe à son Amie, & sort du sallon. Fatmé comprend ce signe funeste; elle suit bientôt la triste Mirza. On n'avoit aucuns soupçons sur cette absence. Mirza ne portoit que l'empreinte d'une tendre mélancolie. Fatmé l'avoit déja rejointe dans son appartement. Chère Amie, lui dit aussi-tôt Mirza, nous sommes seules...... Il est tems. — Oui, répondit Fatmé. Comme toi, je n'ai plus d'espoir.

En effet, s'ils exiſtoient, ne ſeroient-ils pas venus nous raſſurer........ Écoute Mirza, laiſſe-là ce fer. Nous pouvons, en mourant, nous épargner des douleurs. Dans le tems où je me vis enlever ma fortune, & que mon Amant eut expiré à mes yeux ſous le glaive des Turcs, j'achetai d'un Eſclave un poiſon ſubtil, bien réſolue de m'en ſervir. Tu ſais que Nadir, ce digne Ami, voulut, malgré moi, me conſerver la vie. Mais enfin, puiſque Nadir n'eſt plus, puiſque cet autre Philoſophe aimable, qui commençoit à captiver mon ame, a, comme lui, ceſſé de vivre, je vais chercher ce poiſon. Attends un inſtant. Je ſuis à toi. Fatmé auſſi déterminée que ſon Amie, vole juſqu'à ſon appartement; elle y trouve cette poudre mortelle.

Pendant ce tems Mirza regardoit encore le ſoleil, dont les derniers rayons alloient diſparoître. Aſtre divin, je ne te verrai donc plus. Combien de fois, avec Nadir, ai-je admiré ton éclat. Ah! ſi tu pris jamais quelque plaiſir à éclairer un mortel généreux, tu dois regretter mon Amant. Mais ton ſein majeſtueux ne seroit-il point plutôt le palais de ces eſſences immortelles, que l'homme ne peut définir. Non; ces eſſences rempliſſent tout l'eſpace. Nadir, cher Nadir, ſi tu m'écoutes, dis-moi; notre ame séparée de notre corps, erre-t-elle dans l'immensité, ou occupe-t-elle le point qu'elle désire ? Ah ! mon divin Ami, ce point que tu occupe à présent, est peut-être tout proche de ta Mirza. Je m'en flatte...... Elle est digne de toi...... Si cependant en mourant j'allois cesser d'être sensible..... où si n'ayant plus les mêmes organes, tu ne m'aimois plus...... Oh ! cruelle réflexion qui m'attriste, & me donne des frayeurs....... Fatal moment..... Mais ! qu'entends-je !..... Est-ce une illusion ?... Non. Je ne me trompe pas.... Des cris de joie.... Ils redoublent..... La voix du Philosophe.... Fatmé lui parle. Oh ! Ciel ! Mon Nadir m'appelle. Il accourt. C'est lui. Le voici.

Comment peindre cette scène attendrissante. Nadir tient en effet dans ses bras sa tendre Mirza. L'impression des premiers transports leur ôte pour un moment l'usage de la parole. On ne meurt donc pas de plaisir, s'écrie enfin Mirza, je te revois, j'existe encore. Délicieux Ami..... Oui...... Embrasse-moi. Je te rendrai tous tes baisers : je n'en ai point encore la force........ Cruel, quels chagrins tu m'as causés. Où étois-tu ? Comment as-tu fait. La terre a tremblé. Le Philosophe t'a donc......... Pourquoi revenir si tard ? — Ah ! chère Mirza, c'est souvent par des peines que le Ciel nous prépare aux plus grands plaisirs. Tu sauras nos avantures, mais tu ne présume pas quelle heureuse nouvelle je vais t'apprendre. — Quoi, parle. En est-il qui puisse me causer les délices que.....

Ormasis entre dans l'appartement : il tenoit la main de Fatmé, dont les yeux humides, & les regards attendris, exprimoient toute la sensibilité. Il la quitte pour embrasser sa chère fille. Ah ! respectable Ami de Nadir, lui dit Mirza, je devrois, oui, je devrois vous refuser. A quelles angoisses m'avez-vous livrée ? J'ai cru que Nadir n'existoit plus. C'étoit vous qui m'enleviez mon bonheur, ma vie ; cependant, vous le dirai-je, je ne pouvois vous haïr. J'ai senti pour vous les mêmes frayeurs. Ami essentiel, j'étois désespérée de vous perdre. Ah ! ma Mirza, s'écria vivement Nadir, ma chère Mirza, ton cœur le devinoit.... Embrasse ton pere. — Mon pere, ah ! Ciel. —..... Oui, ma chère fille, digne fille d'Azéma, connois Zirmen, connois ce pere malheureux. Il cesse enfin de l'être. — Mon pere, mon pere.... Quelle surprise !.... Quels plaisirs nouveaux ! Quels transports ! Mon cœur ne peut y suffire. Ma chère Fatmé, ma tendre Amie, nous voilà donc réunis au sein du bonheur. Ah ! mon pere, mon respectable Ami, son cœur est digne du vôtre. Elle vouloit mourir avec moi.

Fatmé fait signe à son Amie de se taire. Elle lui ferme la bouche avec la sienne. Ormasis admiroit ces deux Amies avec les larmes du plaisir. Bientôt sa fille lui apprend qu'elle a des notions sur le sort de Zirphile, Cador & Zélis. Le cœur sensible du Philosophe s'épanouit encore à cette nouvelle. Nadir assure sa chère Mirza, qu'il la punira du mystère qu'elle lui a fait, & que pour se venger, il ira lui-même chercher ces dignes parens. — Oui, mon cher Nadir, mais tu iras avec moi. Plus de voyages sans ta Mirza, je ne le souffrirai pas. J'ai réfléchi pendant ton absence que la tendresse a le droit de commander. Mon pere, songez aussi que Fatmé & moi avons les mêmes titres sur vous.

Nadir se souvient enfin qu'il porte sur lui des richesses immenses. Il étale aux yeux de Mirza une quantité de diamans de la plus grande beauté. Mirza regardoit à peine ces pierreries, & fixoit toujours son cher Nadir. — Quoi, Mirza, tu n'applaudis pas. Ne trouve-tu pas que ces diamans sont superbes? — Oui, mais ils m'ont trop coûté. D'ailleurs si tu veux que je m'en occupe, ne sois donc pas ici.

Les cris de joie qu'avoient jetté les Esclaves

de Nadir, lorfqu'ils avoient revu leur Maître, avoient été entendus de la compagnie. On s'informe du fujet, & bientôt tout le monde fe rendit à l'appartement de Mirza. On félicita les Voyageurs. On les embraffa. Le vieux Sangiac danfoit de plaifir, en voyant cet heureux changement. Mon cher Maître, dit-il, à Ormafis, vous nous avez donné de l'inquiétude, de la peine, il nous faut du dédommagement. C'eft moi qui vous juge. Trois allegros fur la harpe; je ne vous tiens point quitte à moins. Oh! en revanche, je vous raconterai des avantures du tremblement de terre, & de tous les tremblemens qui s'en font fuivis: vous rirez, je vous jure. Ces belles Dames que je m'efforçois ici d'amufer, ne m'ont feulement pas écouté. Vous verrez cependant que ces hiftoires font excellentes. — Oh! mon cher Gouverneur, répondit Mirza, nous vous promettons à préfent de rire de tout notre cœur. — Voilà qui eft bien, Madame, je fuis content; je vous déclare que je paffe ici la nuit. — Ce n'eft pas mon compte. Nadir a auffi des hiftoires à me raconter, & je ne veux pas les entendre. Il faut aujourd'hui que nos Voyageurs fe repofent. Mon pere & Nadir m'intéreffent trop pour que..... — Votre pere, Madame, tout de bon? — Oui, mon cher

Gouverneur, tout de bon. — Ma foi, je ne suis point surpris qu'il ait fait une aussi aimable fille. Comment diable, je l'en aime encore davantage. Mon cher Maître, vous resterez donc toujours avec nous. Ah! je suis bien content. Savez-vous que je deviens un bon Philosophe? Ce matin j'adorois Dieu, lorsque j'ai entendu le tapage. J'ai eu quelque frayeur pour mon individu, mais fort peu: j'étois beaucoup plus inquiet de notre jeune Monarque. J'ai bien vîte couru moi-même au Château. J'ai appris qu'il n'y avoit aucun malheur. Il étoit déja levé, & tellement occupé, dit-on, à calculer sur des projets, sur des moyens de rendre son Peuple heureux, qu'il n'a que foiblement entendu le bruit. Je suis revenu fort joyeux. J'ai envoyé ensuite un exprès, pour savoir comment se portoient mes femmes; on m'a rendu, il y a une heure, réponse satisfaisante. Vous voyez donc, mon cher Ormasis, que je suis un bon Philosophe. J'aime Dieu, mon Prince & les Femmes : oh, je n'oublierai jamais cela. Mais puisque votre charmante fille ne veut point que je prenne aujourd'hui de nouvelles leçons, à demain, mon cher Maître. J'entrerai ici à midi, vous me chasserez à minuit...... Tu le veux bien, Nadir. Ce n'est pas ma faute à moi, si toi & ta compagnie m'ensorcellent, je voudrois toujours être ici.....

Pardonne à ton vieil Ami s'il eft importun; pardonne lui. — Importun, répondit Nadir, ah! mon cher Sangiac, pouvez-vous foupçonner?.... — Mon Ami, fois franc comme moi, conviens qu'aujourd'hui je t'ennuirois, fi je reftois plus long-tems. Je m'en rapporte à la chère Mirza. Ecoutez-moi, Monfieur, continua-t-il, en s'adreffant au Phyficien, je ne connois point les caufes originales des feux électriques & de l'attraction; mais il me femble que je vois ici de beaux feux électriques & de grandes attractions. Voici quatre hommes aimables, voilà quatre femmes charmantes, ils ne ceffent de fe regarder. Croyez-moi, fortons enfemble. Vous m'expliquerez ce phénomène phyfique. Ils fortirent.

Cependant Mirza & Fatmé ordonnèrent aux Voyageurs d'aller prendre du repos. Laure, Sophie, Selim & Ofman n'en murmurèrent pas; la fanté de leurs Amis leur étoit précieufe. Les cérémonies d'ufage qui devoient fixer le bonheur de tout le monde, furent donc affignées pour le lendemain. Ormafis fut conduit dans fon appartement, que l'on venoit de préparer. Pourquoi, dira-t-on, attendre des cérémonies d'ufage, & pour qui? Pour des Philofophes? Oui; les vrais Philofophes font toujours attachés au bon ordre focial. Ils refpectent jufqu'aux préjugés, dont la conservation maintient les loix. Quant à Nadir, obéissant, malgré lui, à la tendresse de Mirza, il oublia dans les bras du sommeil vingt heures de fatigue; mais aussi-tôt que le jour vint à paroître, la curieuse Mirza voulut savoir de son Ami les détails du voyage.

Elle entre dans son appartement. Nadir dormoit encore. On ouvre doucement ses rideaux, on s'approche de lui. Une bouche de rose flatte légèrement ses paupières. Il se réveille. Dieux!..... Quel réveil!.... Amour prête-moi tes pinceaux; les crayons de la volupté sont trop fragiles. Les fleurs du plaisir, que le sentiment fait éclore, ne se fannent jamais. Nadir & Mirza respirent de concert. Un même ravissement les enlève. Vingt fois Nadir commence sa narration, vingt fois il s'interrompt lui-même. Sa langue arrêtée dans une chaîne de caresses, ne peut prononcer que le nom de Mirza. La tendre Mirza, trop occupée pour être curieuse, cesse d'exiger des détails qu'elle ne peut plus entendre. Nadir, Mirza, ces deux noms répétés avec transport, sont plus expressifs pour eux que toutes ces phrases lascives, avec lesquelles des cœurs indolens s'efforcent de réchauffer leur froide existence.

Enfin le terme d'un plaisir est pour eux le

commencement d'un autre. Mirza s'échappe des bras de Nadir. Un vieillard demande à lui parler. On ignore ce qu'il veut. Il presse, il supplie. Elle descend, elle le voit, elle accourt. C'est Cador. L'accabler de caresses & de questions, le prendre par la main, & le conduire à la chambre de son pere, est pour elle l'ouvrage d'un instant. Oh! cœurs sensibles à l'amitié, peignez-vous cette tendre reconnoissance. Voyez Mirza au milieu de tels Amis. La joie d'Ormasis est aussi à son dernier période. Cador lui apprend que Zélis & Zirphile appartiennent à un Maître très-humain, mais il demeure à trente lieues de Bisance.

Nadir étoit venu rejoindre Mirza. Il embrasse avec transport son nouvel Hôte. Le départ pour aller chercher Zélis & Zirphile, est fixé pour le lendemain. Quant au Maître de Cador, c'étoit un Arménien intéressé, qui pour lors étoit à Chrysopolis. Nadir s'informe où il demeure, il prend un de ses beaux diamans. Il sort, & revient avec la liberté de son cher parent. Cette échange prompte fit sentir plus vivement à Mirza l'utilité des richesses que Nadir avoit apportées. Enfin tout le monde fut heureux. Bientôt Zélis & Zirphile augmentèrent cette félicité. A peine cette charmante société fut-elle réunie, que Fatmé

& Mirza ordonnèrent des fêtes multipliées. C'étoit une occasion naturelle de répandre des bienfaits, sans charger les obligés du poids de la reconnoissance. Elles font chercher à Chrysopolis tous les pauvres Artistes chargés de familles. Elles affectent aussi d'être fort difficiles & très-recherchées sur leurs parures, quoique intimement persuadées qu'elles n'en ont pas besoin. Elles changent continuellement de modes. Des Ouvrières laborieuses sont occupées. Mirza, Fatmé, contrôlent les ouvrages, afin qu'on les recommence. Puis elles feignent d'être fort contentes, afin de payer plus généreusement, sans qu'on leur en sache gré. Imbéciles Censeurs, fades Moralistes, eh bien, vous auriez blâmé cette légèreté apparente. Nos vrais Philosophes n'y virent que des vertus.

Ormasis & Nadir alloient de tems en tems à leur Bibliothèque, mais il fallut bientôt un Cabinet de physique & un Laboratoire. C'est peu de chose, disoit le Philosophe, c'est peu de chose de spéculer uniquement sur le travail d'autrui. Il faut faire soi-même des expériences, en produire de nouvelles, scruter la Nature. On s'imagine aisément quels furent les progrès de Nadir sous un tel Maître. Les femmes de nos Philosophes devinrent aussi très-savantes, mais elles ne le croyoient pas. Le vrai beau n'est jamais éclipsé par des ridicules.

Nadir fut bientôt à portée de mettre à l'écart un nombre de productions. Il acheva donc de réformer sa Bibliothèque. Enfin il se mêla d'écrire. Mon cher Nadir, lui dit alors Ormasis, tu sais que nos idées ne quadrent pas avec une quantité de systèmes reçus. Crois-moi, ce n'est point avec le ton dogmatique ni avec humeur qu'il faut réfuter les sentimens d'autrui. Présente nos opinions avec simplicité & sous une forme amusante. Que chacun soit le maître de les adopter: ne deviens jamais exigeant à cet égard. Surtout ne cesse pas d'estimer des hommes qui, asservis à d'anciens préjugés, refuseront peut-être d'admettre ce qu'ils appelleront des nouveautés singulières. Contentons-nous d'admirer les vérités que nous appercevons, & souvenons-nous que tout Philosophe doit être sans prétentions.

F I N.

TABLE

Des Objets physiques traités dans cet Ouvrage.

CHAPITRE III.

Explications rapides sur quelques Expériences nouvelles, concernant l'électricité, pages 23

CHAPITRE IV.

Origine de ce que l'on nomme les taches de la Lune. Cause physique de la volatilité du diamant. Immensité de la Création, 35

CHAPITRE V.

Développement du principe de l'électricité. Explication physique du feu. Son origine, ses effets. Le soleil n'est point une masse de feu, mais seulement une masse de lumière; les preuves relatives, 45

CHAPITRE VI.

Confirmation de ces principes. Objections & réponses. Citations d'expériences. Principes des divers phosphores. Pourquoi l'eau éteint le feu. Pourquoi la planète de Mercure peut bien être une terre comme la nôtre, & n'être point consommée par le feu, quoique très-proche du soleil, 54

CHAPITRE VII.

Le principe & le jeu des affinités chymiques. Objections. Réponses. Impossibilité physique d'un embrasement général.

Raisonnemens physiques sur l'existence d'une ame ; réflexions simples à cet égard, & dénuées de tous les secours obscurs de la Métaphysique, 68

CHAPITRE VIII.

Convention du mot phlogistique adopté par les Chymistes. Définition de cette fameuse substance ; sa nature ; ses effets ; comment, & pourquoi elle agit, 88

CHAPITRE IX.

Expériences démonstratives, relativement à la définition du phlogistique. Quelle est son action, relativement aux poids des corps. Comment il les rend plus légers. Expériences à l'appui de ces raisonnemens. Comment le phlogistique influe sur le goût & change les saveurs. Preuves, 96

CHAPITRE X.

Justesse de la nouvelle définition du phlo-

giſtique. Son analogie avec le feu du tonnerre & le feu électrique. Récapitulation & rapports de ces preuves avec celles du Chapitre V. Pourquoi l'eau jettée ſur certains métaux fondus, cauſe de violentes exploſions. Pourquoi la même eau jettée ſur de l'or fondu, n'en cauſe preſque pas. L'origine phyſique de ce que l'on nomme efferveſcence, lorſqu'on fait diſſoudre les métaux. Le ſoufre contient des parties aqueuſes comme tous les mixtes de la nature. Expériences pour ſervir de preuves. Jamais le phlogiſtique n'augmente le poids d'un corps. La perte du poids dans les expériences faites ſur le ſoufre, ne provient que de la perte des portions aqueuſes, 103

CHAPITRE XI.

Pourquoi un charbon rouge que l'on plonge dans l'huile la plus inflammable, s'y éteint-il ſur le champ. Pourquoi les huiles ne s'enflamment-elles qu'à leur ſurface. Pourquoi le souffle éteint-il l'esprit-de-vin enflammé, & augmente-t-il, au contraire, l'inflammation du bois. Pourquoi l'eau jettée sur l'huile enflammée, augmente-t-elle l'inflammation. Pourquoi l'acide nitreux jetté sur de l'huile essentielle, l'enflamme-t-il. Influences de la lune, admises & expliquées par des conséquences physiques & relatives à ces principes, 111

CHAPITRE XIII.

Raisonnemens sur la gravité des corps. Ils sont nécessairement plus pesans lorsqu'ils sont plus proches du centre de la terre. L'origine de cette gravité. Pourquoi le soleil fatigue les Voyageurs. Pourquoi la lumière du soleil, au haut d'une cheminée, fait refluer la fumée dans un appartement. Pression de la lumière démontrée. Pourquoi la balle de plomb & le morceau de papier tombent dans le vuide en tems égaux. Développement du principe des fermentations, 123

CHAPITRE XIV.

Objections concernant la pression de la lumière ; réponses. Il n'est aucun mouvement droit dans la Nature qui ne tire son origine d'un mouvement circulaire. Preuves, 135

CHAPITRE XV.

Préliminaires sur les systémes de l'air fixe & de l'acidum pingue. Raisonnemens physiques, servant à expliquer l'attraction. Pourquoi l'ascension des fluides dans les tubes capillaires. Pourquoi les corps spongieux sont plus échauffés que les autres corps, 144

CHAPITRE XVI.

Examen des deux systémes concernant l'air fixe & l'acidum pingue. Idées réfléchies sur ces objets. Renversement ou conciliation des deux systémes, avec des modifications, 157

CHAPITRE XX.

L'acide vitriolique, en se formant, étant encore en vapeurs, ne corrode point le fer, & pourquoi. Expérience qui est un grand préservatif contre l'air mofétique, les flammes des mofetes, & l'air pestilentiel, 205

CHAPITRE XXI.

Explication d'un tremblement de terre. Comment, par le feu, l'eau de la mer peut aisément pénétrer dans les montagnes. Conséquence singulière de cette simple réflexion. Pourquoi les flots ne remportent pas toujours les corps qu'ils apportent. Végétation. Affirmation que l'eau ne se transmue point en terre. Refus d'admettre la transmutation des élémens. Raisonnemens à cet égard, qui ont force de preuves, 217

TABLE

CHAPITRE XXII.

Sel gemme. Pourquoi il se trouve en masses dans les entrailles de la terre. Comment on imite cette formation, 229

CHAPITRE XXIII.

Origine de la disposition des terres par couches. Ce n'est pas toujours la mer qui produit ces effets. Explication physique, comment la Nature forme les métaux & les pierres précieuses. L'origine de la volatilité de certains métaux. Cette volatilité ne provient pas du seul phlogistique, 235

CHAPITRE XXIV.

Expérience singulière d'une végétation métallique ; suites de cette expérience ; & raisonnemens relatifs. Examen critique des phrases pompeuses des Alchymistes. Réflexions sur les transmutations, 243

CHAPITRE XXV.

Objections concernant la formation des métaux. Réponses. Composition & décomposition des terres & pierres communes ; quel en est le principe. L'origine des pétrifications d'animaux ou végétaux, 253

CHAPITRE XXVI.

Perspectives pour la Médecine. Remarques essentielles à faire sur des remèdes, qu'un peu plus ou un peu moins de fermentation, change entièrement de nature. Pourquoi les animaux sont-ils obligés de prendre du repos. Ne pourroit-on pas inoculer des remèdes salutaires, puisqu'on inocule des germes pestilentiels. Suites d'observations assez importantes pour l'humanité, 258

CHAPITRE XXVII.

Expériences & réflexions concernant les

sels ambiants dans l'atmosphère. Application aux calcinations des métaux à l'air libre. Pourquoi l'augmentation de poids à certains métaux calcinés. Pourquoi la diminution de poids au cuivre calciné. Expérience qui résoud ce fameux probléme, & sert d'addition aux raisonnemens du Chapitre XVI, 274

Fin de la Table.

APPROBATION.

J'ai lu par ordre de Monseigneur le Garde des Sceaux, un Manuscrit, qui a pour titre: *le Philosophe sans Prétention, ou l'Homme Rare. Ouvrage Physique, Chymique, Politique & Moral, dédié aux Savans.* A Paris, ce 16 Août 1775.

PIDANSAT DE MAIROBERT.

PRIVILEGE DU ROI.

LOUIS, par la grace de Dieu, Roi de France & de Navarre: A nos amés & féaux Conseillers, les Gens tenans nos Cours de Parlement, Maîtres des Requêtes ordinaires de notre Hôtel, Grand Conseil, Prevôt de Paris, Baillifs, Sénéchaux, leurs Lieutenans Civils, & autres nos Justiciers qu'il appartiendra: SALUT. Notre amé le Sieur CLOUSIER, Imprimeur, Nous a fait exposer qu'il désireroit faire imprimer & donner au Public, *le Philosophe sans Prétention, ou l'Homme Rare, &c.* S'il nous plaisoit lui accorder nos Lettres de Permission pour ce nécessaires: A CES CAUSES, voulant favorablement traiter l'Exposant, nous lui avons permis & permettons par ces Présentes, de faire imprimer ledit Ouvrage autant de fois que bon lui semblera, & de le vendre, faire vendre & débiter par-tout notre Royaume, pendant le tems de trois années consécutives, à compter du jour de la date des Présentes. Faisons défenses à tous Imprimeurs, Libraires, & autres Personnes, de quelque qualité & condition qu'elles soient, d'en introduire d'impression étrangère dans aucun lieu de notre obéissance : A la charge que ces Présentes seront enregistrées tout au long sur le Regiftre de la Communauté des Imprimeurs & Libraires de Paris, dans trois mois de la date d'icelles ; que l'impression dudit Ouvrage sera faite dans notre Royaume & non ailleurs, en bon papier & beaux caractères, que l'Impétrant se conformera en tout aux Règlemens de la Librairie, & notamment à celui du dix Avril mil sept cent vingt-cinq, à peine de déchéance de la présente Permission ; qu'avant de l'exposer en vente, le Manuscrit qui aura servi de copie à l'impression dudit Ouvrage, sera remis dans le même état où l'Approbation y aura été donnée, ès mains de notre très-cher & féal Chevalier, Garde des Sceaux de France, le Sieur HUE DE MIROMENIL, qu'il en sera ensuite remis deux Exemplaires dans notre Bibliothèque publique, un dans celle de notre Château du Louvre, un dans celle de notre très-cher & féal Chevalier, Chancelier de France, le

Sieur DE MEAUPOU, & un dans celle dudit Sieur HUE DE MIROMENIL, le tout à peine de nullité des Présentes : du contenu desquelles vous mandons & enjoignons de faire jouir ledit Exposant, & ses ayant-causes, pleinement & paisiblement, sans souffrir qu'il leur soit fait aucun trouble ou empêchement. Voulons qu'à la copie des Présentes, qui sera imprimée tout au long, au commencement ou à la fin dudit Ouvrage, foi soit ajoutée comme à l'original. Commandons au premier notre Huissier ou Sergent sur ce requis, de faire pour l'exécution d'icelles, tous actes requis & nécessaires, sans demander autre permission, & nonobstant clameur de Haro, charte Normande, & Lettres à ce contraires : Car tel est notre plaisir. Donné à Paris, le treizième jour du mois de Septembre, l'an mil sept cent soixante-quinze, & de notre Règne le deuxième. Par le Roi, en son Conseil.

LE BEGUE.

Regiſtré ſur le Regiſtre **XX**, *de la Chambre Royale & Syndicale des Libraires & Imprimeurs de Paris, n°. 380, fol. 16, conformément au Règlement de 1723. A Paris, ce 15 Septembre 1775.*

SAILLANT, Syndic.

LE PHILOSOPHE SANS PRÉTENTION, ou l'Homme rare. Ouvrage Physique, Chymique, Politique & Moral, dédié aux Savans, par M. D. L. F. A Paris, chez LACOMBE, Libraire, rue Christine.

www.ingramcontent.com/pod-product-compliance
Lightning Source LLC
Chambersburg PA
CBHW060322170426
43202CB00014B/2634